CHENGSHI GUIDAO JIAOTONG GONGCHENG SHIGONG
ZUZHI GUANLI YU JIJIA

城市轨道交通工程施工组织管理与计价

主　编　于慧玲　车广侠
副主编　徐仁武　张广军　崔　恒

重庆大学出版社

内容简介

本书结合行业应用及实际课程学习的需要,全面阐述了城市轨道交通工程施工组织管理与计价的相关内容。本书为模块化结构,模块一为城市轨道交通工程施工组织设计认知,包括三个项目,分别为城市轨道交通工程概述,城市轨道交通工程施工组织设计概述,施工过程组织原理;模块二为施工组织管理专业知识,包括三个项目,分别为流水施工组织,网络计划技术,城市轨道交通工程施工组织设计的编制;模块三为计价基础知识,包括两个项目,分别为城市轨道交通工程造价的基本知识,工程定额与计价;模块四为计价专业知识,包括两个项目,分别为工程量清单计价,城市轨道交通工程清单计量与计价案例。

本书采用任务驱动形式,每个任务开始之前有问题思考,学习者带着问题去完成任务,可提高学习效率。本书可作为高职高专城市轨道交通工程技术专业的教学用书,也可作为城市轨道交通工程技术人员的培训教材和自学用书。

图书在版编目(CIP)数据

城市轨道交通工程施工组织管理与计价/ 于慧玲,
车广侠主编. -- 重庆 : 重庆大学出版社,2024.1
高等职业教育城市轨道交通专业系列教材
ISBN 978-7-5689-4205-8

Ⅰ. ①城… Ⅱ. ①于… ②车… Ⅲ. ①城市铁路-铁
路施工-施工组织-设计-高等职业教育-教材②城市铁
路-铁路施工-工程造价-高等职业教育-教材 Ⅳ. ①U239.5

中国国家版本馆 CIP 数据核字(2023)第 210891 号

城市轨道交通工程施工组织管理与计价

CHENGSHI GUIDAO JIAOTONG GONGCHENG SHIGONG ZUZHI GUANLI YU JIJIA

主 编 于慧玲 车广侠
副主编 徐仁武 张广军 崔 恒
责任编辑:苟荟羽 版式设计:苟荟羽
责任校对:王 倩 责任印制:张 策

＊

重庆大学出版社出版发行
出版人:陈晓阳
社址:重庆市沙坪坝区大学城西路 21 号
邮编:401331
电话:(023) 88617190 88617185(中小学)
传真:(023) 88617186 88617166
网址:http://www.cqup.com.cn
邮箱:fxk@ cqup.com.cn(营销中心)
全国新华书店经销
重庆长虹印务有限公司印刷

＊

开本:787mm×1092mm 1/16 印张:12.5 字数:315 千
2024 年 1 月第 1 版 2024 年 1 月第 1 次印刷
ISBN 978-7-5689-4205-8 定价:39.00 元

当前,我国城市轨道交通建设处于快速发展阶段,城市轨道交通建设的高速发展带动了城市轨道工程建设人才的需求。城市轨道工程项目具有施工复杂、造价高等特点,为满足城市轨道工程建设对施工、造价人才培养的迫切需求,在校企合作理念的指导下,我们特组织编写了本书。

本书为模块化教材,模块结构分为两大类,基础知识认知模块和专业知识模块。基础知识认知模块中,使学生掌握关于城市轨道交通工程施工组织设计与计价的基础知识,了解施工组织设计概念、编制依据、原则、内容、程序以及工程定额的概念和套用方法等。专业模块中讲述流水施工技术、网络技术、施工组织设计编制、工程量清单的编制和工程量清单计价文件的编制。模块内容的设计采用任务驱动形式,一共有四个模块,每个模块若干个项目,每个项目有若干个任务。学生通过任务描述了解要解决的内容,通过学习目标了解要学习的内容,通过问题思考了解要掌握的内容。然后在相关知识的学习过程中掌握解决问题的方法,应用掌握的理论知识去解决实践问题。尤其通过问题思考,使学生置身工作情境中,学会以后工作中类似的问题解决方法。

本书由吉林交通职业技术学院于慧玲、车广侠担任主编,吉林铁道职业技术学院徐仁武、吉林交通职业技术学院张广军、广州南方高速铁路测量技术有限公司崔恒担任副主编,吉林交通职业技术学院周秀民主审。吉林交通职业技术学院李晓红、范庆华、付尧、单巍、杨丹、李飞燕、陈晴等参与了编写工作。具体编写分工如下:模块一中的项目一、项目二由车广侠编写,项目三由单巍、崔恒编写;模块二中的项目一由李晓红、范庆华编写,项目二、项目三由于慧玲编写;模块三中的项目一由付尧、杨丹编写,项目二由李飞燕、陈晴编写;模块四由徐仁武、张广军编写。

本课程的部分内容尤其是工程计价部分具有地域性,本教材计价案例部分采用的定额是以《吉林省城市轨道交通工程计价定额》为依据进行编写的,教师在教学过程中可以根据情况进行删减或调整。

鉴于编者的水平及能力有限,书中难免有疏漏之处,敬请读者批评指正。最后,对所有为本书的完成和出版给予支持和帮助的同行、朋友表示衷心的感谢! 对参考文献的作者们表示真诚的谢意!

作　者

2023 年 10 月

模块一 城市轨道交通工程施工组织设计认知

项目一　城市轨道交通工程概述

🔍 **学习目标**

1. 了解城市轨道交通工程国内外建设情况。
2. 了解基本建设定义及其特点。
3. 熟悉基本建设程序。

任务一　城市轨道交通工程建设认知

📖 **任务描述**

掌握城市轨道交通国内外发展情况和城市轨道交通的特点。

📖 **问题思考**

城市轨道交通工程建设的特点有哪些?

📖 **相关知识**

一、城市轨道交通概念

所谓城市轨道交通,就是运行在不同型式轨道上的运量较大的城市公共交通工具,是地铁、轻轨、单轨、磁悬浮等封闭运行公共交通工具的总称。我国已建成的城市轨道交通项目制式多样,有大运量的地铁系统,中运量的轻轨和单轨系统,小运量的有轨新型交通,还有中低速及高速磁悬浮系统等。

二、国外城市轨道交通建设情况

世界轨道交通的发展经历了一个曲折的过程,大致分为以下几个阶段。

(一)初步发展阶段(1863—1924 年)

1863 年,世界上第一条地铁在英国伦敦建成通车,标志着城市快速轨道交通的诞生。1863—1899 年,美国、英国、法国、匈牙利、奥地利 5 个国家的 7 座城市相继修建了地铁。

1900—1924 年,欧洲和北美洲又有 9 座城市修建了地铁,包括柏林、马德里、费城等。

(二)停滞萎缩阶段(1925—1949 年)

由于第二次世界大战的影响,这一时期城市轨道建设速度放慢。莫斯科第一条地铁于 1935 年建成通车。但这一阶段只有 5 个城市发展了城市地铁,有轨电车则停滞不前,有些线路被拆除。

(三)再发展阶段(1950—1969 年)

汽车的过度增加,使城市道路异常堵塞,行驶速度下降,严重时会导致交通瘫痪,还伴随着空气污染、噪声污染、耗费资源、停车困难等问题。于是人们认识到,解决城市客运交通必须依靠电力驱动的轨道交通。轨道交通因此得到了重视,而且从欧美扩展到亚非的日本、中国、韩国、伊朗、埃及等国家,这期间有 17 个城市新建了地铁。

(四)高速发展阶段(1969 年至今)

1975—2000 年,世界进入和平发展时期。截至 2020 年底,全球共有 77 个国家和地区的 538 座城市开通城市轨道交通,运营里程达到 33 346.37 km,车站数超过 34 220 个。其中,中国境内以 7 978.19 km 的总运营里程排名全球第一,占全球总里程的 23.9%;而上海市以 834.20 km 的运营里程居全球各大城市第一。

三、国内城市轨道交通建设情况

(一)起步阶段(20 世纪60—80 年代)

20 世纪 50 年代,我国开始筹备地铁建设,规划了北京地铁网络。1965—1976 年建设了北京地铁一期工程(54 km),当时地铁建设的指导思想更注重人防功能。随后建设了天津地铁(7.1 km,现已拆除重建)、哈尔滨人防隧道等工程。

(二)开始建设阶段(20 世纪80—90 年代)

20 世纪 80 年代末至 90 年代初,由于城市规模限制及道路等基础设施比较薄弱,北京、上海、广州等特大城市的交通问题日益突出。面对道路交通供给能力的严重不足,发展大容量轨道交通方式的理念开始显现。以上海轨道交通 1 号线(21 km)、北京地铁复八线(13.6 km)和地铁一期工程改造、广州地铁 1 号线(18.5 km)等建设项目为标志,我国内地真正以城市交通为目的的地铁项目开始建设。

(三)建设高潮开始阶段(20 世纪 90 年代初)

20 世纪 90 年代,随着上海、广州地铁项目的建设,一批城市包括沈阳、天津、南京、重庆、武汉、深圳、成都、青岛等开始计划建设轨道交通项目,并进行了大量的前期工作。北京、上海、广州等城市的城市轨道交通线路形成纵横交错、相互连接的网络综合体系。交通类型也不是单一的地铁,出现了市郊铁路、快速轨道、轻轨、单轨、磁悬浮等,轨道交通类型呈多样化发展。随着城市轨道交通建设的发展,以车辆为代表的技术体系也实现了现代化。

(四)调整阶段(1995—1998 年)

由于各大城市要求建设的地铁项目较多,且在建地铁项目的工程造价较高,1995 年 12 月国务院发文,暂停了地铁项目的审批,并要求做好发展规划和国产化工作。同时,国家计划委员会开始研究制定城市轨道交通设备国产化政策。至 1997 年底，提出以深圳地铁 1 号线（19.5 km）、上海轨道交通 3 号线（24.5 km）和广州地铁 2 号线（23 km）作为国产化依托项目，并于 1998 年批复了上述 3 个项目的立项，自此城市轨道交通建设项目重新开始启动。

（五）蓬勃发展阶段（1999 年以后）

随着实施积极的财政政策以进一步扩大内需，我国于 1999 年开始陆续批准一批城市轨道交通项目开工建设，先后审批了深圳、上海、广州、重庆、武汉等多个城市的轨道交通项目，并投入 40 亿元国债资金予以支持，建设速度大大超过前 30 年，轨道交通建设进入高速发展阶段。

中国城市轨道交通协会数据显示，截至 2021 年底，中国境内共有 50 个城市开通城市轨道交通，运营线路 283 条，运营线路总长度 9 206.8 km，2021 年新增城市轨道交通运营线路 1 237.1 km。

截至 2021 年底，共有 67 个城市的城轨交通线网规划获批，其中，55 个城市在建线路总规模 6 096.4 km，在建线路 253 条（段），共有 29 个城市在建线路为 3 条及以上。2021 年各城市城轨交通在建线路规模情况如图 1-1-1 所示。

四、城市轨道交通工程建设的特点

（一）专业多

城市轨道交通工程涉及的专业技术涵盖了城市规划、勘察设计、土木工程、园林绿化、机电安装、信息技术及环境保护等 30 多个学科领域。设备专业系统繁多，包括线路、车辆、供电、通风空调、自动扶梯及电梯、AFC、通信、信号等。

（二）工期长

一般全地下的线路工期要 4 ~ 5 年，以高架为主的郊区线也要 3 ~ 4 年的时间。工期长，造价受人工、材料上涨的压力大。

（三）建设难度大

建设队伍多、施工工法多、工序交叉多，安全风险高。工程建设点多面广，大多穿越繁华闹市区、城市立交桥、国铁和地铁既有线路；地质条件、市政管线复杂，施工工法特别是浅埋暗挖法和深基坑施工危险性大，质量和工期的矛盾也十分突出。

（四）投资额巨大

城市轨道交通是资金密集项目，建设成本非常高，所需投资巨大。每千米平均造价在 5 亿 ~ 8 亿元，个别城区线路每千米已突破 10 亿元，每条线路都在百亿元以上。

（五）涉及面广

工程建设中既存在征地拆迁、管线改移、交通导改、高压改移等突出矛盾，又有穿越既有铁路、地铁、河道、桥梁、商埠，以及文物保护和扰民等许多难题，特别是征地拆迁已成为制约工程建设进场施工的最主要因素之一。

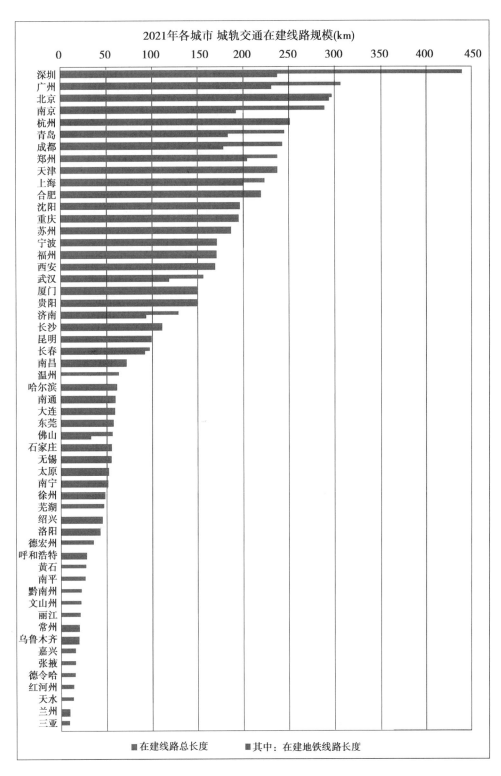

图 1-1-1 2021 年各城市城轨交通在建线路规模

任务二　基本建设定义及基本建设特点

📖 任务描述

认知基本建设，了解和熟悉城市轨道交通工程基本建设的概念、特点、分类、组成。作为城市轨道工程技术人员，重点熟悉基本建设的组成和各分类的含义。

📖 问题思考

1. 基本建设的定义是什么？
2. 基本建设项目的分类及各分类的含义是什么？

📖 相关知识

一、基本建设定义

基本建设是指固定资产的建筑、添置和安装，是国民经济各部门为了扩大再生产进行的增加固定资产的建设工作。具体来说，就是把一定的建筑材料、设备等，通过购置、建造和安装等活动，转化为固定资产的过程。例如，新建一条地铁线路、轻轨线路、单轨线路及磁悬浮等工程和扩建工程，以及机具、车辆等各种设备的添置和安装。

基本建设的内涵：

①基本建设是形成新的固定资产，或者是以扩大生产能力或新增工程效益为主要目的，以建设或购置固定资产为主要内容的经济活动。

②基本建设的形式包括新建、改建、扩建、恢复工程及与之相联系的其他经济活动。它不是零星的、少量的固定资产建设，而是具有整体性、需要一定量投资额以上的固定资产建设。

二、基本建设项目及其特点

(一)基本建设项目与固定资产投资

基本建设项目是指在一个总体设计或初步设计范围内，由一个或若干个单项工程所组成，经济上实行统一核算、行政上实行统一管理的基本建设单位。如一条地铁线路工程项目。

基本建设项目与技术改造项目一起构成固定资产投资项目。由此可见固定资产投资与基本建设的关系：第一，固定资产投资从资金的形成到实物形态的转化，即增加新的固定资产，必须通过基本建设活动，通过建成基本建设项目来完成；第二，基本建设项目的建设投资是固定资产投资的重要组成部分。

固定资产是在生产性活动过程中长期发挥作用的劳动资料和在非生产性活动过程中长期使用的物质资料。

1. 固定资产的特点

（1）购置过程

购置建材、设备等并把它们从生产地点运到施工地点。

（2）建筑安装过程

建造者把原材料加工建造出"城市轨道"的地下线、车站、高架桥等，并对机器、设备进行安装。

经过以上两个过程，形成生产能力，通车运营，最后形成固定资产。注意：工厂生产的待售机车、车辆还没有形成生产能力（待售），不是固定资产（可通过拍卖手段）。与固定资产相对的是流动资产。流动资产是指在一个生产周期中（如地铁车站）原料、燃料全部消耗掉，并把它们的价值转移到产品中去，也称资源消耗。所以一个国家的 GDP 增长快而资源消耗增长要慢，进行全面衡量才能保持可持续发展。固定资产再生产是指固定资产长期使用，因折旧而报废，它本身的价值逐步转移到产品成本中去，同时要不断建筑安装新的固定资产。

2. 财政部关于固定资产的规定

两个条件：①使用年限在一年以上；②单位价值在 2 000 元以上。同时符合以上两条的物品才算固定资产，否则为价值易耗品，而概预算中的建设安装费用必须是构成固定资产的设备及工器具（含办公及生活用家具）。地铁与轻轨高架线是固定资产；工厂生产的待售机车、车辆还没有安装形成生产能力，所以不是固定资产。

（二）基本建设项目与技术改造项目的范围划分

按照国家规定，在实际工程中划分基本建设项目和技术改造项目，主要有以下几个方面：

1. 以工程建设的内容、主要目的来划分

一般把以扩大生产能力（或新增工程效益）为主要建设内容和目的的作为基本建设项目；把以节约、增加产品品种，提高质量、治理"三废"，劳保安全为主要目的的作为技术改造项目。

2. 以投资来源划分

以利用国家预算内拨款（基本建设基金）、银行基本建设贷款为主的作为基本建设项目；以利用企业基本折旧基金、企业自有资金和银行技术改造贷款为主的作为技术改造项目。

3. 以土建工作量划分

凡是项目土建工作量投资占整个项目投资 30% 以上的作为基本建设项目。

4. 按项目所列的计划划分

凡列入基本建设计划的项目，一律按基本建设项目处理；凡列入更新改造计划的项目，按技术改造项目处理。

需要说明的是，划分基本建设项目和技术改造项目，只限于全民所有制企业单位的建设项目，对于所有非全民所有制单位、所有非生产性部门的建设项目，一般不做这种划分。

（三）基本建设项目的特点

1. 一次性

基本建设是一次性项目，就其成果来看具有单件性，投资额特别大，所以必须保证建设成功。如达不到要求，将产生深远的影响，甚至直接关系到国民经济的发展。

2. 建设周期长

在很长时间内，基本建设只消耗人力、物力、财力，而不提供任何产品，风险比较大。

3. 整体性强

基本建设每一个项目都有独立的设计文件，在总体设计范围内，各单项工程具有不可分割的联系，一些大的项目还有许多配套工程，缺一不可。

4. 产品具有固定性

基本建设产品的固定性，使其设计单一，不能成批生产（建设），也给实施带来复杂性，且受环境影响大，管理复杂。

5. 协作要求高

基本建设项目比一般工业产品大得多，协作要求高，涉及行业多，协调控制难度大。

三、基本建设项目的分类

为了适应科学管理的需要，从不同角度反映基本建设项目的地位、作用、性质、投资方向及有关比例关系，在基本建设管理工作中，需要对项目从不同角度进行划分。

（一）按基本建设项目的用途分类

1. 生产性建设

生产性建设是指直接用于物质生产或满足物质生产需要的建设项目。包括：

①交通运输、邮电建设。指铁路、公路、桥梁、港口、码头、机场、邮政、电信、地铁、轻轨等的建设，以及船舶、车辆、飞机等设备的购置等。

②工业建设。指工矿企业建设项目中的生产车间、矿井、实验室、仓库、堆场和其他工矿企业使用的构筑物的建造，以及生产用的机械、设备的购置和安装。

③农田水利建设。指农场、牧场、拖拉机站、造林、防洪、灌溉、渔港码头、水产养殖、气象等建筑物和构筑物的建造，以及生产用机械设备的购置和安装。

④商业和物资供应建设。指商品周转库、粮库、石油库、冷藏库、物资储运、储备库及商业服务网点的建设和生产设备的购置。

⑤地质资源勘探建设。主要指地质资源勘探（包括普查）单位所用设备的购置。

2. 非生产性建设

直接用于人民物质文化生活及社会福利需要的建设为非生产性建设，主要包括住宅建设、文教卫生建设、公共生活服务事业建设等。

（二）按基本建设项目的性质分类

1. 新建项目

新建项目指为增加新的生产能力（或增加新的效益）而"从无到有"的项目；或虽不是从无到有，但其原有基础小，经扩大建设规模后，增加的固定资产价值超过原有固定资产价值的 3 倍以上，亦属新建项目。如新建一条地铁线、轻轨线等属于新建项目。

2. 扩建项目

扩建项目指原有生产企业为扩大原有产品的生产能力或效益，或增加新的产品的生产能力，而新建主要车间或工程的项目。如为增加地铁、轻轨原有枢纽的能力而新建的联络线、编组场、车辆场等。

3. 改建项目

改建项目指原有企业为提高生产效率,改进产品质量或改变产品方向,对原有设备或工程进行技术改造的项目。如为提高原有地铁、轻轨线路的通过能力,对线路和车站设备进行的技术改造。

4. 迁建项目

迁建项目指现有企业、事业单位由于改变生产布局或环境保护、安全生产以及其他特殊需要搬迁至他处建设的项目。

5. 恢复工程

恢复工程指由于客观不可抗拒的因素如地震、台风、海啸等自然灾害或战争等使原有固定资产全部或局部报废,以后又用基本建设投资按原来规模重新恢复起来的项目。

在这 5 类性质中,一个建设项目只能有一种性质,在项目按总体设计全部建成之前,其建设性质是始终不变的。新建项目在完成原总体设计之后,再进行扩建或改建,则另作为一个扩建或改建项目。

(三)按基本建设项目的规模分类

根据建设规模大小,工业建设项目一般分为大型、中型、小型 3 类,非工业建设项目一般分为大中型和小型项目两类。划分的依据是项目的设计能力(非工业建设项目为新增效益)和投资额。具体参见《基本建设项目大中小型划分标准》。划分标准:生产单一产品的按产品生产能力分;生产多种产品的按主要产品生产能力分;产品种类繁多,按照投资额来划分。

交通运输方面的大中型项目按如下规定划分:

①地铁隧道投资在 1 500 万元以上;轻轨高架桥投资在 800 万元以上。

②铁路新建的干线、支线、隧道及原有干线、枢纽的重大技术改造投资在 1 500 万元以上的,地方铁路 100 km 以上,货运量 50 万 t 以上的。

③公路新建、改建长度在 200 km 以上的国防公路和跨省区的重要干线,投资在 800 万元以上的公路大桥。

④港口年吞吐量 100 万 t 以上的新建、扩建港口等。

(四)按投资主体划分

1. 国家投资建设项目

国家投资建设项目是指全部或主要国家财政性资金、国家直接安排的银行贷款资金、国家统借统还的外国政府和国际金融组织及其他资金投资的建设项目。

2. 地方政府投资的建设项目

地方政府投资的建设项目主要是指以各级地方政府(含省、市、县、乡)财政性资金及其他资金投资的建设项目。

3. 企业投资的建设项目

企业投资的建设项目是指企业(全民所有制企业、企业集团、集体所有制企业、乡镇企业等)用自有资金和自筹资金投资的建设项目。

4. "三资"企业的建设项目

主要形式有中外合资企业、中外合作企业和外商独资企业投资的建设项目。

(五)按基本建设投资构成划分

投资构成是反映基本建设投资用于不同种类的基本建设项目,并反映基本建设部门与国民经济其他部门的联系。按投资构成的不同内容可分为四大类:建筑工程、安装工程、设备工器具购置和其他费用。

(六)按基本建设的管理体制分类

1. 按隶属关系分类

这类项目有:部直属单位的建设项目;地方领导和管理的建设项目;部直属项目,指经国务院有关部门和地方协商后,由国务院有关部门下达基本建设计划并安排解决统配物资的部分地方建设项目。

2. 按管理系统分类

指按国务院归口部门对建设项目分类。按管理系统划分与按行业划分不同,建设单位不论属哪个行业,都要按管理部门划分。

(七)按基本建设项目的工作阶段分类

处于建设不同阶段的基本建设项目有:

①预备项目(或探讨项目)。

②筹建项目(或前期工作项目)。

③施工项目(包括新开工和续建项目)。

④建成投产项目。

⑤收尾项目。

四、基本建设项目组成

每项基本建设工程,就其实物形态来说,都由许多部分组成。为了便于编制各种基本建设的施工组织设计和概预算文件,必须对每项基本建设工程进行项目划分。基本建设工程可依次划分为基本建设项目、单项工程、单位工程、分部工程、分项工程、子项工程。

(一)基本建设项目

基本建设项目,简称"建设项目",即每项基本建设工程,就是一个建设项目。建设项目一般是指有总体设计,经济实行独立核算,行政管理上具有独立组织形式的建设单元。在我国基本建设工作中,通常以一个企业、事业单位或一个独立工程作为一个建设项目,如城市轨道交通中一条地铁线、一条轻轨线、一条单轨线、一条磁悬浮线等。

(二)单项工程(又称工程项目)

单项工程(又称工程项目)是建设项目的组成部分。一个建设项目,可以是一个单项工程,也可以包括许多个单项工程。所谓单项工程是具有独立的设计文件,竣工后可以独立发挥生产能力或效益的工程,如地铁中高架桥梁工程、地下隧道工程等。

(三)单位工程

单位工程是单项工程的组成部分,一般指不能独立发挥生产能力(或效益),但具有独立施工条件的工程。如城市地铁中地铁车站单项工程可分为土建工程、机车车辆、通信与信号工程、环控与防灾工程、供电与照明工程、装饰工程等单位工程;一条铁路可分为路线工程、桥涵工程、隧道工程等单位工程。

(四)分部工程

分部工程是单位工程的组成部分,一般是按照单位工程的各个部位划分的,如独立大桥中的基础工程、桥梁上下部工程、引道工程等。

（五）分项工程

分项工程是分部工程的组成部分，是按照工程的不同结构、不同材料和不同施工方法等因素划分的，如基础工程可划分为围堰、挖基、砌筑基础、回填等分项工程。分项工程的独立存在是没有意义的，它只是建筑或安装工程的一种基本的构成因素，是为了组织施工以及为确定建筑安装工程造价而设定的一种产品。

（六）子项工程

子项工程是分项工程的组成部分，是按照不同工序的人工、材料和使用的机械等细目和子目进行划分的，如钻孔桩可划分为钻孔、钢筋笼、水下灌注混凝土等。子项工程是次要工序。

表1-1-1以城市轨道交通为例说明基础建设项目构成的6种形式（从宏观到微观）。

表 1-1-1　基础建设项目构成的 6 种形式

	(1) ⇒	(2) ⇒	(3) ⇒	(4) ⇒	(5) ⇒	(6)
名称	建设项目	单项工程	单位工程	分部工程	分项工程	子项工程
特点	完工后独立形成生产能力（总体设计）	完工后独立发挥效益（独立设计）	完工后不能独立发挥效益	不同标段	不同结构	不同工、料、机（细目、子目）
举例	地铁路网和轻轨路网（含机车、车辆等）	地铁A号线（地下线、地面线、高架线）	一个标段的桥梁、隧道和车站	个别桥梁、隧道和车站	钻孔桩基础、下部墩台、上部行车道系；隧道的初期衬砌、防水、二衬和主体	钻孔灌注桩：钻孔 钢筋笼 水下混凝土；浅埋暗挖法：超前支护 初期支护 防水层 二次衬砌 主体结构
概预算	总概预算汇总	总概预算	建安工程费汇总	建安工程费	分项工程概预算	概预算基价、单价

五、城市轨道交通基本建设的特点

（一）建设产品的固定性决定了生产的流动性

由于产品在不同的现场，造成施工人员、材料和设备等要随着建筑物所在地点的变更而进行流动。

（二）建设产品的多样性决定了生产的单件性

由于产品在规模、结构、构造和材料选用等方面存在差异，产品有多样性，使得施工准备、施工工艺、施工方法各不相同,造成生产的单件性。

(三)产品形体大,生产周期长

产品占用大量物质资源,占据广阔空间,因而产品的形体庞大。各工种间必须按照合理的施工顺序进行配合和连接(生产线),造成生产周期长。

任务三　基本建设程序

📖 任务描述

掌握基本建设程序,了解各程序需要编制什么样的计价文件。

📖 问题思考

基本建设程序的各项内容是什么?

📖 相关知识

一、基本建设程序

基本建设项目在整个建设过程中各项工作的先后顺序,称为基本建设程序。这个程序是由基本建设进程的客观规律(包括自然规律和经济规律)决定的,即建设项目从项目建议书、可行性研究、设计、施工、竣工验收、投入生产整个全过程必须遵循的先后次序。这种程序是国家制定的一种规则,从事工程建设的单位和人员,都必须按规定的程序进行工作。它也是人们在认识客观规律的基础上制定出来的,是建设项目科学决策能顺利进行的重要保证。

城市轨道交通工程基本建设程序应当是:根据国民经济长远规划以及城市线网规划、建设规划,提出项目建议书;进行可行性研究,编制可行性研究报告;经批准后进行初步设计;再经批准后列入国家年度基本建设计划,并进行技术设计和施工图设计;设计文件经批准后组织施工;施工完成后,进行试运行、试运营,再进行竣工验收,然后交付使用。这一程序必须依次进行,一步一步地实施。具体内容分述如下。

(一)项目建议书

根据国民经济发展的长远规划、城市建设发展长远规划及城市交通网建设规划,提出项目建议书。项目建议书是进行各项准备工作的依据。对建设项目提出包括目标、要求、原料、资金来源等的文字说明,作为进行可行性研究的依据。

(二)可行性研究

根据国民经济发展的长远规划、城市发展的长远规划和城市轨道交通网建设规划及项目建议书,对建设项目进行可行性研究,以减少项目决策的盲目性,使建设项目的确定具有切实的科学性和经济合理性。《关于加强基本建设计划管理,控制基本建设规模的若干规定》(国务院发〔1981〕3 号文)中明确指出:"所有新建、扩建的大、中型项目以及所有利用外资进行基本建设的项目都必须有可行性研究报告。"可行性研究是基本建设项目前期工作的重要组成部分,是建设项目立项、决策的主要依据。

城市轨道交通工程可行性研究按其工作深度,分为预可行性研究和工程可行性研究。编制预可行性研究报告,应以国民经济与社会发展规划、城市路网规划和城市轨道交通建设五年计划为依据,重点阐明建设项目的必要性。通过踏勘和调查研究,提出建设项目的规模、技术标准,进行简要的经济效益分析,经审批后作为编制工程可行性研究报告的依据。编制工程可行性研究报告,应以批准的预可行性研究报告和项目建议书(或省、自治区、直辖市及计划单列市级单位的委托书)为依据,通过测量、地质勘探(桥梁、隧道及不良地质地段等),在认真调查研究、占有必要资料的基础上,对不同建设方案从经济上、技术上进行综合论证,提出推荐建设方案,经审批后作为测量以及编制初步设计文件的依据。工程可行性研究的投资估算与初步设计概算之差,应控制在 10% 以内。

城市轨道交通工程建设项目可行性研究报告的主要内容包括:

①总论。项目背景、项目概况、问题与建议。

②客流量预测。预测范围和依据、预测方法、客流量预测结果。

③线路方案。线路走向起讫点、经由、线路平面、纵面设计、车站(场)分布设置、辅助线及其他线路设计、线路工程条件、线路方案论证比选。

④建设规模与标准。轨道交通类型选择(地下铁道、地面轨道、高架轻轨)、线路长度及运输能力、建设标准、主要技术指标。

⑤建筑工程方案。结构工程、车站建筑、轨道工程、车辆段及综合基地。

⑥机电设备工程方案。机电设备,自动扶梯设置方案,自动售检票方案,控制中心,供电工程,通信工程,信号工程,通风与空调工程,给、排水工程及消防系统,防灾报警系统,环境监控系统,其他机电系统。

⑦运营方案。行车计划与组织、运营计划与管理、站务管理、票务管理、运营机构、运营要求评价。

⑧节能措施。能耗指标分析、节能措施。

⑨环境影响评价。环境现状、环境影响分析、环境保护设施与投资、环境影响评价。

⑩安全与消防。劳动安全、消防工程。

⑪组织机构与人力资源配置。组织机构、机构适应性评价、人力资源配置。

⑫项目实施进度。建设工期、实施进度安排、施工组织及计划、项目实施进度(横道图)。

⑬投资估算。投资估算依据、建设投资估算、流动资金估算、投资估算表。

⑭融资方案。资金筹措、债务资金筹措、融资方案分析。

⑮财务评价。财务评价基础数据与参数选取、运营收入估算(编制运营收入估算表)、成本费用估算(编制总成本费用估算表和分项成本费用估算表)、财务评价报表、财务评价指标、不确定性分析、财务评价结论。

⑯国民经济评价。影子价格及通用参数选取、效益费用范围调整、效益费用数值调整、国民经济效益费用流量表、国民经济评价指标、国民经济评价结论。

⑰社会评价。项目对社会的影响分析、项目与所在地互适性分析、社会风险分析、社会评价结论。

⑱风险分析。项目主要风险因素识别、风险程度分析、风险防范和降低风险措施。

⑲研究结论与建议。推荐方案总体描述、推荐方案优缺点描述、主要对比方案、结论与建议。

编制可行性研究报告应严格执行国家的各项政策、规定、住房和城乡建设部以及相关主管部委(如交通运输部、水利部)颁布的技术标准、规范等。

(三)设计文件

设计文件是安排建设项目、控制投资、编制招标文件、组织施工和竣工验收的重要依据。设计文件的编制必须精心设计,认真贯彻国家有关方针政策,严格执行基本建设程序的规定。

基本建设项目一般采用两阶段设计,即初步设计和施工图设计。对于技术简单、方案明确的小型建设项目,可采用一阶段设计,即一阶段施工图设计;技术复杂而又缺乏经验的建设项目或建设项目中个别车站、高架桥、隧道等,必要时采用三阶段设计,即初步设计、技术设计和施工图设计。

1.初步设计

应根据批准的可行性研究的要求和初测资料,拟定修建原则,选定设计方案,计算主要工程数量,提出施工方案的意见,编制设计概算,提供文字说明及图表资料。初步设计文件经审查批准后,是国家控制建设项目投资及编制施工图设计文件或技术设计文件(采用三阶段设计)的依据,并且为订购和调拨主要材料、机具、设备,安排重大科研试验项目,征用土地等的筹划提供资料。

2.技术设计

应根据批准的初步设计和补充初测(或定测)资料,对重大、复杂的技术问题通过科学实验、专题研究、加深勘探调查及分析比较,解决初步设计中未能解决的问题,落实技术方案,计算工程数量,提出修正的施工方案,编制修正设计概算。经批准后作为编制施工图设计的依据。

3.施工图设计

一阶段施工图设计应根据批准的可行性研究报告和定测资料,拟定修建原则,确定设计方案和工程数量,提出文字说明和图表资料以及施工组织计划,编制施工图预算,满足审批的要求,适应施工的需要。

两阶段(或三阶段)施工图设计应根据批准的初步设计(或设计技术)和定测(或补充定测)资料,进一步对所审定的修建原则、设计方案、技术设计加以具体和深化,最终确定工程数量,提出文字说明和适应施工需要的图表资料以及施工组织计划,编制施工图预算。

(四)列入年度基本建设计划

当建设项目的初步设计及其概算经上级批准后,才能列入国家基本建设年度计划。建设单位根据国家发改委颁发的年度基本建设计划,按照批准的可行性研究报告和设计文件,编制本单位的年度基本建设计划,上报经批准后,再编制物资、劳动、财务计划。这些计划分别经过主管机关审查平衡后,作为国家安排生产、物资分配、劳动调配各财务拨款(或贷款)的依据,并通过招标投标或其他方式落实施工单位。

(五)施工准备

为了保证施工顺利进行,在施工准备阶段,建设主管部门应根据计划要求的建设进度,指定一个企业或事业单位组织基建管理机构,办理登记及拆迁,做好施工沿线有关单位和部门的协调工作,抓紧配套工程项目的落实,组织分工范围内的技术资料、材料及设备的供应。

勘测设计单位应按照技术资料供应协调的要求,按时提供各种图纸资料,做好施工图纸的会审及移交工作。

施工单位应首先熟悉图纸并进行现场核对,编制实施性施工组织设计和施工预算,组织机具、人员进场,进行施工测量,修建便道及生产、生活等临时设施,组织材料、物资采购、加工、运输、供应、储备,提出开工报告,按投资隶属关系报请基建主管部门核准。建设银行应会同建设、设计、施工单位做好图纸的会审,严格按计划要求进行财务拨款和贷款。

工程监理单位组织监理机构或建立监理组织体系,熟悉施工设计文件和合同文件;组织工程监理人员和设备进入施工现场;根据工程监理制度规定的程序和合同条款,对施工单位的各项施工准备工作进行审批、验收、检查合格后,使其按合同规定要求如期开工。

(六)组织施工

施工单位要遵照施工程序合理组织施工,施工过程中应严格按设计要求和施工规范组织施工,确保工程质量,安全施工,推广应用新工艺、新技术,努力缩短工期,降低造价,同时应注意做好施工记录,建立技术档案。

(七)试运行

工程完工后,轨道交通开通具备基本条件,由建设单位组织对设备、设施进行安全测试和调试,进行不载客试运行。试运行期一般不少于 3 个月,试运行合格后,建设单位组织工程竣工验收。

(八)竣工验收、交付使用

建设项目的竣工验收是基本建设全过程的最后一个程序。工程验收是一项十分细致而又严肃的工作,必须从国家和人民的利益出发,根据国家有关规定,按照建设项目竣工验收有关规范、标准的要求,认真负责地对全部基本建设工程进行总验收。竣工验收包括对工程质量、数量、期限、生产能力、建设规模、使用条件细致检查。特别是竣工决算,它是反映整个基本建设工作所消耗的全部国家建设资金的综合性文件,也是通过货币指标对全部基本建设工作的全面总结。

当全部基本建设工程经过验收合格,完全符合设计要求后,应立即移交给生产部门正式使用,迅速办理固定资产交付使用的转账手续,加强固定资产的管理。竣工决算上报财政部门批准核销。在验收时,对遗留问题,由验收委员会(或小组)确定具体处理办法,报主管部门批准,交有关单位执行。

城市轨道交通工程中养护和大、中修工程,即固定资产的更新与技术改造,原则上也应参照基本建设程序,按住房和城乡建设部有关规定执行。

二、基本建设投资

(一)投资的构成

基本建设投资是由基本建设项目从筹建到竣工验收、交付使用的全部建设费用所构成。凡是新建、改建、扩建和重建的工厂、矿山、交通、水利等工程的建设费用,包括建设安装工程费、设备及工器具的购置费、其他基本建设费(如征用土地、拆迁补偿,建设单位管理费,勘察设计费,研究试验费等)、预留费用、建设期贷款利息等都作为基本建设投资。

建设项目有4个阶段,即规划与研究阶段、设计阶段、施工阶段和交付使用阶段,每个阶段都贯穿着资金的运转。基本建设投资就是从建设前期收回全部投资为止的一个完整周期内,以货币形式反映基本建设规模的综合指标。

在我国基本建设程序中,随着各个阶段工作深度的不同,计算投资总额的程序和要求不同,其作用也不同。投资前期的可行性研究阶段进行投资估算、经济评价是可行性研究的核心,而投资估算是经济评价工作的基础。投资估算的正确与否直接影响可行性研究经济计算的结果与评价,直接影响可行性研究工作质量。初步设计阶段编制投资概算(初步设计概算),它一经批准即列入年度基本建设计划,作为工程项目投资、贷款的依据。施工图预算的投资额是确定工程造价、签订建筑安装合同、办理工程结算、实行经济核算和控制工程成本的依据。施工阶段进行的施工预算、工程结算及竣工决算是投资活动后期对实际发生的投资额的计算,它是投资额支付的活动过程,是检查基本建设投资计划、设计概预算执行情况和考核投资效果的重要依据。

(二)我国基本建设投资来源

我国基本建设资金来源主要有:

1. 国家投资

国家投资是由国家预算直接安排的投资,通过国家财政拨款的方式,根据建设进度分期拨给建设单位,然后用到工程建设上去。

2. 地方投资

在国家预算安排之外,由各地区、各部门按照国家规定自筹资金安排的投资。这是我国建设投资的一项补充来源。

3. 银行贷款

银行贷款是以银行为主体,根据信贷自愿的原则,依据经济合同所施行的有偿有息投资,贷款期限一般不超过10年。

基本建设贷款,是由国家从财政预算中提供贷款资金,实行先拨后用的原则,交由建设银行按照信贷方式进行分配和管理,借款期限(包括建设期和还款期)一般不超过15年。

4. 国外资金

在国家统一政策的指导下,积极慎重地引进国外的先进技术和国外投资,以弥补我国建设资金的不足,加速我国经济建设的发展。

目前我国可利用的外资来源,主要是从国外借入资金和由投资者直接投资两个方面,大致可归纳为国际金融机构贷款,如世界银行、亚洲开发银行等机构提供贷款;国外政府贷款,即外国政府从预算中拨出资金开展对外援助或促进本国出口贸易而进行的贷款;出口信贷,指一个国家为鼓励资本输出和商品输出而设置的信贷;国际金融市场贷款,指各国商业银行和私人银行利用吸收的外汇存款发放的贷款;合资经营,是由境外合营者提供设备、技术、培训人员,我国合营者提供土地、厂房、动力、原材料、劳动力等,双方按协议计算投资股份,分享利润和承担风险;以及租赁信贷、发行国外债券等。

5. 其他资金来源

其他资金来源主要是指联营投资、股票投资、发行债券等。

项目二　城市轨道交通工程施工组织设计概述

任务一　施工组织设计概念及作用

📖 任务描述

认知施工组织设计概念,熟悉编制施工组织设计的作用。

📖 问题思考

施工组织设计的概念是什么?

📖 相关知识

一、施工组织设计概念

　　施工组织设计是指施工前,对建筑产品(一个建设项目或单位工程等)生产(施工)过程中的生产诸要素,即建筑工人、施工机械及建筑材料与构件等的合理组织。

　　施工组织设计就是要从工程的全局出发,按照客观的施工规律和当地的具体条件,统筹考虑施工活动的人力、资金、材料、机构和施工方法这5个因素后,对整个工程的施工进度和资源消耗等做出科学而合理的安排。进行施工组织的目的是使工程建设在一定的时间和空间内,实现有组织、有计划、有秩序的施工,以达到工程施工的相对最优效果,即时间上耗工少、工期短;质量上精度高、功能好;经济上资金省、成本低。施工组织设计可以是对整个基本建设项目起控制作用的总体战略部署,也可以是对某一单位的具体施工作业起指导作用的战术安排。

　　施工组织设计是建设项目施工组织管理工作的核心和灵魂,它的任务是对具体的拟建工程进行施工准备工作和整个施工过程在人力和物力、时间和空间、技术和组织上,做出一个全面而合理且符合好、快、省、安全要求的计划安排。

施工组织设计文件是建筑工程项目管理组织和技术指导的综合性文件,也是工程施工和实施过程中的依据性文件。

施工组织设计文件具有3个特点:一是密切结合实际;二是权威性,在工程备料、配备设备及实施的施工方法中,务必遵照执行经审批的施工准备工作文件;三是编入文件的施工方案、机械设备选用等均需进行技术经济分析,从中选出最优的方案。

城市轨道交通工程项目投资一般上亿元人民币,施工风险大,难度高,工期长,涉及方面多,在完成施工图设计之后,进行施工组织设计是十分必要的。

城市轨道交通工程施工组织设计是城市轨道交通工程基本建设项目在设计、招投标、施工阶段必须提交的技术文件,也是准备、组织、指导施工和编制施工作业计划的基本依据。因此,城市轨道交通工程施工组织设计是城市轨道交通工程基本建设管理的主要手段之一。

施工组织设计的具体任务是:

①确定开工前必须完成的各项准备工作。

②计算工程量,合理部署施工力量,确定劳动力、机械台班、各种材料、构件的需要量和供应方案。

③确定施工方案,选择施工机具。

④安排施工顺序,编制施工进度计划。

⑤确定工地上的设备停放场、料场、仓库、预制场地的平面布置。

⑥制定确保工程质量及安全的有效技术措施。

二、施工组织设计在城市轨道交通工程中的重要性和作用

城市轨道工程施工应遵循工程建设的客观规律,充分考虑轨道工程施工的特点,运用先进的科学方法和手段组织施工,合理安排施工中的各种要素,使工程建设费用低、效率高、质量好,保证按期完成施工任务,实现有组织、有计划、有秩序地施工,以期达到整个城市轨道交通工程施工的最佳效果。根据工程特点、自然条件、资源供应情况、工期要求等,做出切实可行的施工组织计划,并提出确保工程质量和安全施工的有效技术措施,这是施工组织设计的任务。编制施工组织设计,本身就是施工准备工作的一项重要内容。也就是说,城市轨道交通工程施工从准备工作开始,施工组织设计就起着指导施工准备工作、全面布置施工活动、控制施工进度、进行劳动力和机械调配的作用,同时对施工活动内部各环节的相互关系和与外部的联系,确保正常的施工秩序起着有效的协调作用。总之,城市轨道交通工程施工组织设计对能否优质、高效、按时、低耗地完成城市轨道交通工程施工任务起着决定性的作用。具体表现如下:

①对于投标,施工组织设计既是投标文件的重要组成部分,又是组织施工的一个纲领性文件。其作用一为投标服务,为工程预算的编制提供依据,提供对投标项目的整体策划及技术组织工作,为最终中标打下基础;二为施工服务,为工程项目最终能达到预期目标提供可靠的施工保障。

②统一规划和协调复杂的施工活动。施工的特点综合表现为复杂性,如果施工前不对施工活动的各种条件、各种生产要素和施工过程进行精心安排、周密计划,那么复杂的施工活动就没有统一的行动依据,必然会陷入毫无头绪的混乱状态,所以要完成施工任务,达到预定的目的,一定要预先制订相应计划,并且切实可行。对于施工单位来说,就是编制生产计划;对于一个拟建工程来说,就是进行施工组织设计。有了施工组织设计这种计划安

排,复杂的施工活动就有了统一的行动依据,可以据此统筹全局,协调方方面面的工作,保证施工活动有条不紊地进行,顺利完成合同规定的施工任务。

③对拟建城市轨道交通工程施工全过程进行科学管理,施工全过程是在施工组织设计的指导下进行的。首先,在接受施工任务并得到初步设计以后,就可以开始编制建设项目的施工组织规划设计。施工组织规划设计经主管部门批准以后,再进行全场性施工的具体实施准备。随着施工图的出图,按照各工程项目的施工顺序,逐一制订各单位工程的施工组织设计,然后根据各个单位施工组织设计,指导实施具体施工的各项准备工作和施工活动。在施工工程的实施过程中,要根据施工组织设计的计划安排,组织现场施工活动,进行各种施工生产要素的落实与管理,进行施工进度、质量、成本、技术与安全的管理等,所以施工组织设计是对拟建城市轨道交通工程施工全过程进行科学管理的重要手段。

④使施工人员心中有数,工作处于主动地位。施工组织设计根据工程特点和施工的各种具体条件科学地拟订了施工方案,确定了施工顺序、施工方法和技术组织措施,拟订了施工的进度;施工人员可以根据相应的施工方法,在进度计划的控制下,有条不紊地组织施工,保证拟建工程按照合同要求完成。

通过施工组织设计,我们在每一拟建工程开工之前就了解它所需要的材料、机具和人力,并根据进度计划拟订先后使用的顺序,确定合理的劳动组织及施工材料、机具等在施工现场的合理布置,使施工得以顺利地进行,还可以合理地安排临时设施,保证物资保管和生产与生活的需要。根据施工方案大体估计到施工中可能发生的各种情况,从而预先做好各种准备工作,清除施工中的障碍,并充分利用各种有利条件,对施工的各项问题予以最合理、最经济的解决。通过施工组织设计,还可以把工程的设计和施工、技术和经济、前方和后方有机地结合起来,把整个施工单位的施工安排和具体工程的施工组织得更好,使施工中的各单位、各部门、各阶段、各建筑物之间的关系更明确和有效协调。

总之,通过施工组织设计,就把施工生产合理地组织起来,规定了有关施工活动的基本内容,保证了具体工程的施工得以顺利进行。因此,施工组织设计的编制是具体城市轨道交通工程施工准备阶段中各项工作的核心,在施工组织与管理工作中占有十分重要的地位。对一个城市轨道交通工程项目来说,如果施工组织设计能反映客观实际,符合建设项目的全面要求,并能认真地贯彻执行,施工就可以有条不紊地进行,使施工组织与管理工作经常处于主动地位,取得好、快、省、安全的效果。若没有施工组织设计,施工组织设计脱离实际或虽有质量优良的施工组织设计而未得到很好的贯彻执行,就很难正确地组织具体工程的施工,使工作经常处于被动状态,造成不良后果,难以完成施工任务及预定目标。

任务二　施工组织设计的编制原则与依据

📖 任务描述

编制施工组织设计要遵循一定的原则和依据,本任务的内容是介绍编制施工组织设计的一般原则和不同类型建筑工程项目的共性依据。

📖 问题思考

施工组织设计的编制原则和依据有哪些？

📖 相关知识

一、编制施工组织设计的一般原则

中华人民共和国成立后,在第一个五年建设计划期间建设项目管理就开始重视施工组织设计工作。几十年来,积累了较丰富的经验,并逐步形成了我国施工组织应遵循的一套原则,归纳起来有以下几个方面。

(一)严格执行基本建设法规和施工验收规范的原则

为了保证基本建设顺利进行,缩短施工周期,提高工程质量,尽早发挥投资效益,国家在基本建设方面颁发了一系列有关法规、政策和规定,如没有勘察就不能设计,没有设计就不能施工,实施工程监理、进行质量监督等方针,国家还颁布了有关施工技术规范和验收规范。在编制施工组织设计时,应逐一得到贯彻落实。

(二)严格遵守合同工期的原则

根据合同工期来安排施工进度计划,针对工程特点,有效地集中施工力量,对工程量大的分项工程或对工期影响大的关键分部分项工程、关键工序,应加大机械设备、原材料和劳动力的投入,确保按计划完成,不影响后续工序的正常开工。

(三)充分利用时间和空间的原则

城市轨道交通工程是一个形体庞大的空间结构,按照时间的先后顺序,对工程项目各个构成部分的施工要做好计划安排。换言之,就是在什么时间、用什么材料、使用什么机具设备,在结构空间的什么部位上进行施工,也就是时间与空间的关系。如何处理好这种关系,除了考虑工艺关系外,还要考虑组织关系。更重要的是要利用运筹学理论、系统工程原理处理这些关系。

(四)最佳技术经济决策原则

完成某些工程项目,存在着不同的施工方法,采用不同的施工技术,使用不同的机具和设备,要消耗不同的材料,导致不同的结果(工期、成本)。因此,对于此类工程项目的施工,可以从这些不同的施工方法、施工技术中,通过具体的计算、分析、比较,选择出最佳的技术经济方案,以达到降低成本和按期完工的目的。

(五)专业化分工与紧密协作相结合的原则

现代施工组织管理既要求专业化分工,又要求紧密协作,特别是采用流水施工组织原理和网络计划技术时尤其如此。处理好专业化分工与协作的关系,就是要减少或防止窝工,提高劳动生产率和机械效率,以达到提高工程质量、降低工程成本、缩短工程工期的目的。

(六)采用先进技术,提高工业化、机械化施工水平原则

严格执行建筑安装工程施工验收规范、施工操作规程,积极采用先进施工技术,确保工程质量和施工安全。努力贯彻建筑安装工业化的方针,加强系统管理,不断提高施工机械化和预制装配化程度,努力提高劳动生产率。先进的科学技术是提高劳动生产率、加快施工进

度、提高工程质量、降低工程成本的重要源泉。同时,积极运用和推广新技术、新工艺、新材料、新设备,减轻施工人员的劳动强度,是现代化文明施工的标志。施工机械化是城市轨道交通工程建设实现优质、快速的根本途径,扩大预制装配件程度和采用标准构件是安装施工的发展方向。在组织施工时,应结合当时机具的实际配备情况、工程特点和工期要求,做出切实可行的布置和安排,注意机械的配套使用,提高综合机械化水平,充分发挥机具设备的效能。

(七)供应与消耗的协调原则

物资的供应要保证施工现场的消耗,既不能过剩也不能不足,即物资供应要与施工现场的消耗相协调。如果供应过剩,则要多占临时用地面积,多建存放库房,必然增加临时设施费用,同时物资积压过剩,存放时间就过长,必然导致部分物资霉烂、变质、失效,从而增加了材料费用的支出,最终造成工程成本的增加;如果物资供应不足,必然出现停工待料,影响施工的连续性,降低劳动生产率,既延长了工期又提高了工程成本。因此,在供应与消耗的关系上一定要坚持协调性原则。

(八)组织连续均衡施工的原则

要实现连续、均衡而紧凑的施工就必须科学、合理地安排施工计划。计划的科学性,就是对施工项目作出总体的综合判断,采用现代分析的方法使施工活动在时间上、空间上得到最优的统筹安排,也就是施工优化。计划的合理性,是指对各个项目相互关系的合理安排,如施工程序和工序的合理确定等。要做到这些,就必须采用系统分析、流水作业、统筹方法、电子计算机辅助系统和先进的施工工艺等现代化科学技术成果。施工的连续性和均衡性对施工物资的供应、减少临时设施、生产和生活的安排等都是十分必要。安排工程计划时,尽量利用原有建筑和设施作为施工临时设施,尽量减少大型临时设施的规模,在保证重点工程施工的同时,可以将一些辅助或附属的工程项目做适当穿插。还应考虑季节特点,努力提高施工生产力水平;一切从实际出发,做好人力、物力的综合平衡,组织均衡施工。一方面,要避免施工断断续续,人力、机械等资源利用不足;另一方面,又要防止出现突击赶工的现象。尽可能地做到在总的工期内连续、均衡地施工,使各项活动有秩序、有节奏地进行。只有采取这些措施,才能使各专业机构、各工种工人和施工机械能够不间断地,有秩序地进行施工,尽快地由一个项目转移到另一个项目,从而实现在施工期间能够连续、均衡而又紧凑地组织施工。

(九)确保工程质量和安全生产的原则

"百年大计,质量第一"是施工现场常见的一句标语口号,也是基本建设战线上特有的一句口号,这是根据建筑产品的经济价值高、使用寿命长等特点提出的。因此,在编制施工组织设计时,要认真贯彻"质量第一"和"安全生产"的方针,严格按照施工验收规范和施工操作规程的要求,制定具体的保证质量和安全的措施,以确保工程顺利进行。尤其是采用新工艺、新技术时,更要注意。

(十)认真调查研究的原则

施工组织设计是具体指导施工的技术经济文件,编制前,编制人员应先进行调查了解,掌握第一手资料,然后综合分析,提出初步设想方针,并听取领导、技术人员和施工人员意见。对于施工组织总设计及有关重大技术措施方案,还应听取建设、设计、监理和施工协作单位的意见,这样编写出的施工组织设计能理论结合实际,有一定的深度和广度,比较切实可行。编制施工组织设计切忌闭门造车,内容应避免概念化、公式化和形式化。

二、施工组织设计的编制依据

施工组织设计是根据不同的施工对象、现场条件、施工条件等主客观因素,在充分调查分析的基础上编制的。不同类型的建筑工程项目施工组织设计的编制依据有共同的地方,也存在着差异。具有共性的编制依据主要如下:

①国家和行业颁布的有关法规、规范和规程。

②合同有关条款。

③经批准的计划(可行性研究报告)和设计文件,包括计划任务书、设计图纸和工程量清单等。

④工程所在地区的自然条件资料,包括地形地貌资料、工程地质和水文地质资料、水文资料、气象资料等。

⑤工程所在地区的技术经济资料,包括供水、供电、交通运输、地方建筑材料等的供应情况。

⑥类似项目的施工经验资料。

⑦施工单位的施工技术力量和管理水平。

任务三　施工组织设计的类型

📖 任务描述

本任务主要是对施工组织设计进行分类,熟悉各种分类情况和内容,尤其是按阶段分类的各项内容。

📖 问题思考

1. 施工组织设计的类型有哪些? 其内容有哪些?

2. 实施性施工组织设计的任务有哪些?

📖 相关知识

施工组织设计要结合工程项目本身的规模、特点及实施阶段的不同分别编制。按工程项目的规模和特点,可以分为施工组织总设计、单位工程施工组织设计、分部分项工程施工组织设计 3 类;按工程项目实施阶段可以划分为规划性施工组织设计、指导性施工组织设计和实施性施工组织设计 3 类。

一、按工程项目的规模、特点分类

(一)施工组织总设计

施工组织总设计是以整个建设项目(包括该项目的各单项工程、每个单项工程中的各单位工程及每个单位工程中的各分部分项工程)为对象编制的,是整个建设项目组织施工全局性和指导性的技术经济文件。一般在有了初步设计(或扩大初步设计)和总概算(或修正总概算)后,由负责该项目的总承包单位编制。它是整个建设项目总的战略部署,作为修建全工地性大型暂设工程和编制年度施工计划的依据。编制总体施工组织设计一般在工程中标之后、开工之前,在重新评价投标阶段施工组织设计、获得进一步原始调查资料的基础上,由总承包单位的项目总工程师主持编制。

施工组织总设计的内容和深度视工程的性质、规模、建筑结构和施工复杂程度、工期要求及建设地区的自然经济条件不同而有所不同,但都应突出"总体规划"和"宏观控制"的特点,一般应包括以下主要内容。

1. 工程概况

简要叙述工程项目的性质、规模、特点、建造地点周围环境、拟建项目的单位工程情况(可列一览表)、建设总期限和各单位工程分批交付生产和使用的时间、有关上级部门及建设单位对工程的要求等已定因素的情况和分析。

2. 施工部署

主要有施工任务的组织分工和总进度计划的安排意见,施工区段的划分,网络计划的编制,主要(或重要)单位工程的施工方案,以及主要工种工序的施工方法等。

3. 施工准备工作计划

主要是做好现场测量控制网及征地、拆迁工作,大型临时设施工程的计划和定点,施工用水、用电、用气、道路及场地平整工作的安排,有关新结构、新材料、新工艺、新技术的试制和试验工作,技术培训计划,劳动力、物资、机具设备等需求量计划及做好申请工作等。

4. 施工总平面图

对整个建设场地做全面的总体规划。如施工机械位置的布置,材料构件的堆放位置,临时设施的搭建地点,各项临时管线通行的路线以及交通道路等。应避免相互交叉、往返重复,以利于施工的顺利进行和提高工作效率。

5. 技术经济指标分析

用来评价上述施工组织总设计的技术经济效果,并作为今后总结、交流、考核的依据。

(二)单位工程施工组织设计

单位工程施工组织设计是以单位工程为对象,以施工图设计为基础,以施工组织总设计为依据,由承包单位编制的对单位工程的全面施工具有指导作用的技术、经济文件。由于单位工程的规模相对较小,施工图设计又很具体,编制时间相对充足,因此单位工程的施工组织设计应比较具体、详细,可作为编制分部、分项工程施工方案及季度、月度计划的依据,是对施工进行科学管理、提高企业经济效益的重要手段。编制单位工程施工组织设计一般在拟建工程开工之前,由该单位工程的技术负责人组织人员进行编制。

单位工程施工组织设计的内容和深度应视工程规模、技术复杂程度和现场施工条件而定,一般有以下两种情况:

①内容比较全面的单位工程施工组织设计。常用于工程规模较大、现场施工条件较差、技术要求较复杂或工期要求较紧,以及采用新技术、新材料、新工艺或新结构的项目。其编

制内容一般应包括工程概况、施工方案、施工方法、施工进度计划、各项资源需求量计划、施工平面图、质量安全措施,以及有关技术经济指标等。

②内容比较简单的施工组织设计。常用于结构较简单的一般性工程项目,施工人员比较熟悉,故其编制内容可以相对简化,一般只需明确主要施工方法、施工进度计划和施工平面图。

(三)分部分项工程施工组织设计

分部分项工程施工组织设计又称施工方案,是针对工程项目中某一比较复杂或采用新技术、新材料、新工艺、新结构的分部分项工程而编制的具体施工方案,如复杂的基础工程、大体积混凝土工程、大面积软土地基处理、大跨度大吨位结构构件的吊装等。它是直接指导现场施工作业的技术性文件,内容应具体详尽。分部分项工程施工组织设计一般与单位工程施工组织设计的编制同时进行,并由单位工程的技术人员进行编制。

不论编制哪一类施工组织设计,都必须抓住重点,突出"组织"二字,对施工中的人力与物力、时间与空间、需要与可能、局部与整体、阶段与全过程、前方与后方等给予周密的安排。它不是单纯的技术性文件或经济性文件,而应当是技术与经济相结合的文件,其最终目的是提高经济效益。

从突出"组织"的角度出发,在编制施工组织设计时,应抓住3个重点:

①在施工组织总设计中是施工部署和施工方案,在单位工程施工组织设计中是施工方案和施工方法。前者重点是安排,后者重点是选择。这是解决施工中组织指导思想和技术方法问题。在编制过程中,应努力在安排和选择上优化。

②在施工组织总设计中是施工总进度计划,在单位工程施工组织设计中是施工进度计划。这是解决时间和顺序问题,应努力做到时间利用合理,顺序安排得当。巨大的经济效益寓于时间和顺序的组织之中,绝不能忽视。

③在施工组织总设计中是施工总平面布置图,在单位工程施工组织设计中是施工平面布置图。这是解决空间和施工投资问题,技术性和经济性都很强,涉及占地、环境保护、安全、消防、用电、交通和有关政策法规等问题,应做到科学、合理的布置。

施工组织设计的分类和内容,见表1-2-1。

表1-2-1　施工组织设计分类及内容

分类 说明	施工组织总设计	单位工程施工组织设计		分部分项工程施工组织设计(施工方案)
		全面的单位工程施工组织设计	简单的单位工程施工组织设计	
适用范围	大型建设项目或建筑群,有两个以上单位工程同时施工	单个建设项目,或技术较复杂,采用新结构、新技术、新工艺的单位工程	结构简单的单个建设项目或经常施工的标准设计工程	规模较大、技术较复杂或有特殊要求的分部分项工程

分类 说明	施工组织总设计	单位工程施工组织设计		分部分项工程施工组织设计(施工方案)
		全面的单位工程施工组织设计	简单的单位工程施工组织设计	
主要内容	1.工程概况、施工部署及主要工种施工方案 2.施工总进度计划及施工区段的划分 3.施工准备工作计划、征地拆迁、大型临时设施工程计划;施工用水、用电、用气等安排;新结构、新工艺、新技术的试制和试验计划;劳动力、物资、机具设备需求量计划等 4.施工总平面布置图 5.主要技术、组织措施及冬、雨季施工措施 6.技术、经济指标分析	1.工程概况及特点 2.施工程序、施工方案和施工方法 3.施工进度计划 4.施工资源需用量计划 5.施工平面布置图 6.施工准备工作 7.主要技术、组织措施及冬、雨季施工措施	1.工程特点 2.施工进度计划 3.主要施工方法及技术措施 4.施工平面布置图 5.施工资源需用量计划	1.分部分项工程特点 2.施工方法、技术措施及操作要求 3.工序搭接顺序及协作配合要求 4.工期要求 5.特殊材料及机具需用量计划
编制与审批	总承包单位组织编制,建设单位、监理单位及主管部门审批	承包施工单位组织编制,监理和建设单位审批	承包施工单位组织编制,监理和建设单位审批	单位工程施工负责人编制,监理审核

二、按工程项目实施阶段划分

(一)规划性施工组织设计

这是设计单位在设计阶段编制的施工组织设计,也称初步施工组织设计。编制规划性施工组织设计必须结合结构设计计算和编制概、预算的需要,因为工程项目的结构设计与施工方法密切相关,不同施工方法导致结构内力具有很大差异;同时,施工方法不同,选择的施工机械也就不同,施工荷载也随之不同。施工方法、施工机械就构成了结构设计和内力计算的基本条件,也是编制概、预算的重要依据。

初步施工组织设计只能制订工程施工的轮廓计划,初步拟订施工方法、施工程序及施工时间安排。虽然初步施工组织设计不详细、不具体,但其是把工程设计计算付诸实施的战略性决策,应当力求切合实际。

(二)指导性施工组织设计

指导性施工组织设计是指施工单位在参加工程投标时,根据工程招标文件的要求,结合本单位的具体情况编制的施工组织设计。施工单位在深入了解和研究设计文件,以及调查复核现场情况之后着手编制的。因此,指导性施工组织设计比规划性施工组织设计更详细、具体、完善,更具有全面指导施工全过程的作用。

在指导性施工组织设计中,需要确定施工顺序,选定施工方法和施工机械,编制工程项目的进度计划、各种资源(劳动力、机具、材料、资金)需求量计划,制订采购、运输计划,安排施工准备工作计划,做部分施工设计(例如供水、供电设计,各种临时房屋设计等),进行施工现场总平面布置图设计和规划,最后提供保证工程质量、安全生产、缩短工期、降低成本的措施。

1.指导性施工组织设计的作用

①确定最合适的施工方法和施工程序,以保证在合同工期内完成或提前完成施工任务。

②及时而周密地做好施工准备工作、供应工作和服务工作。

③合理组织劳动力和施工机具,使其需要量没有骤增骤减的现象,同时尽量发挥其工作效率。

④在施工场地内合理地布置生产、生活、交通等一切设施,最大限度地节约临时用地,节省生产时间,同时方便生活。

⑤施工进度计划及劳动力、机具、材料供应计划要详细到按月安排,以便于具体进行组织供应工作。

⑥指导性施工组织设计是编制施工预算的主要依据,是组织施工的总计划,所以,应使其尽可能符合客观实际,并随时根据客观情况的变化进行不断调整和修改。

2.指导性施工组织设计编制的要求

①编制指导性施工组织设计要做到"四个一致"。投标人的施工组织设计必须满足业主的要求。工程招标文件对编制施工组织设计一般都有很细致的规定,不符合规定的、违背业主意图的投标书,被视为严重错误,作为废标处理。为了避免这种情况的出现,编制指导性施工组织设计必须做到"四个一致",即与招标文件的要求一致,与设计文件的要求一致,与现场实际情况一致,与评标办法一致。

②施工组织设计要能反映企业的综合实力,施工方案应科学、合理、先进、可行,措施得力可靠。投标文件中施工组织设计的目的就是要让业主了解企业的组织和管理水平,反映企业的综合实力。施工组织设计中的施工方案、施工方法及各项保证措施反映了一个企业施工能力的强弱,施工经验丰富与否,能否让业主放心。为此,参与编制的人员应掌握技术、管理方面的信息,了解施工现场情况,熟悉和了解当今国内外的先进施工机械、施工方法、施工工艺和新材料等,掌握施工程序及施工方法,科学合理地编制施工进度,安排施工顺序,优化配置劳动力和机械设备,做到在保证合同工期的前提下,充分发挥资源作用。

③指导性施工组织设计要注重表达方式的选择,做到图文并茂。在标书中的施工组织设计一定要有其独到的表达方式。如果太冗长,重点不突出,提纲紊乱、不一致,逻辑性不强,那么施工方法再先进,方案再科学,评委也不会给高分。

④施工组织设计应按程序审核和校对,消除低级错误(不应该出现的错误)。指导性施工组织设计的编制是一个紧张的过程,人们的注意力容易偏重在自己工作的狭窄方面,形成定式思维,对低级错误视而不见。消除低级错误的方法之一是依靠编制人员的细心和经验,按照程序自行检查校对。方法之二是要坚持换手检查和校对,很多低级错误换人检查很容易发现,换手检查效果非常明显。一般容易犯的低级错误有:关键名词口语化、简略化,不按招标文件写;开工、竣工时间与招标文件有差异,施工进度前后不一致(尤其是修改工期后,总有一部分工期遗漏改正);摘抄其他标书时地名、工程名称没有完全改过来,多人编写的标书前后不一致。

(三)实施性施工组织设计

工程中标后,在指导性施工组织设计的基础上,对于单位工程和分部工程,施工过程中基层施工单位还要根据各分部工程(如桥梁工程中的基础工程、墩台工程,上部构造预制、安装工程)的具体情况,以及分工负责施工的队伍或班组的人力、机具等配备情况,编制分部工程的施工方案或技术措施,称为实施性施工组织设计。

实施性施工组织设计是以指导性施工组织设计为依据,把指导性施工组织设计按年度、季度、月或将单位工程施工组织设计按各分部、分项工程分割后编制的。实施性施工组织设计基本上不改变指导性施工组织设计中所规定的施工方法、施工程序、施工工期及物资供应指标。但当执行后的实际情况与原计划产生偏离时,不应再机械地执行原计划,应对原计划作适当的调整,并采取某些必要的措施,制订出新计划交付下一阶段贯彻执行。编制实施性施工组织设计的目的是:将工程项目的总目标分为许多子目标,总目标是管理的核心,子目标是管理的基础,时刻抓住子目标这个基础不放,把所有的管理工作重心移到这个子目标上。只要所有的子目标实现了,总目标也就自然实现了。实践中,将项目的总计划分解为年度、季度、月、旬计划,重点抓旬计划,以旬保月、以月保季、以季保年、以年保项目总计划的实现。

实施性施工组织设计的任务包括以下几个方面:

①它是用来直接指挥施工的计划,因此应具体制订出按工作日程安排的施工进度计划,这是它的核心内容。

②根据施工进度计划,具体计算出劳动力、机具、材料等的日程需要量,并规定工作班组及机械在作业过程中的移动路线及日程。

③在施工方法上,要结合具体情况考虑到工程细目的施工细节,具体到能按所定施工方法确定工序、劳动组织及机具配备。

④工序的划分、劳动力的组织及机具的配备,既要适应施工方法的需要,也要考虑工作班组的组织结构和设备情况,要最有效地发挥班组的工作效率,便于实行分项承包和结算,还要切实保证工程质量和施工安全。

⑤要考虑到当发生意外情况时留有调节计划的余地。如因故中途必须停止计划项目的施工时,要准备机动工程,调动原计划安排的班组继续工作,避免窝工。

⑥实施性施工组织设计必须具体、详细,以达到指导施工的目的,但应避免过于复杂、烦琐。

(四)特殊工程施工组织设计

在某些特定情况下,针对工程的具体情况有时还需要编制特殊施工组织设计。

①某些特别重要和复杂,或者缺乏施工经验的分部、分项工程,为了保证其施工的工期和质量,有必要编制专门的施工组织设计。但是,编制这种特殊的施工组织设计,其开工与竣工的工期要与总体施工组织设计一致。

②对一些特殊条件下的施工,如严寒、雨季、沼泽地带和危险地区等,需要采取一些特殊的技术措施,有必要为之专门编制施工组织设计,以保证施工的顺利进行,以及质量要求和人员安全。

③某些施工时间较长的项目,即跨越几个年度的项目,在编制指导性施工组织设计或实

施性施工组织设计时,不可能准确地预见到以后年度各种施工条件的变化,因而也不可能完全切实或详尽地进行施工安排。因此,需要对原定项目施工总设计在某一年进行进一步具体化或做相应的调整与修正。这时,就有必要编制年度的项目施工组织总设计,用以指导施工。

指导性项目施工组织设计是整个项目的龙头,是总体的规划。在这个指导文件规划下,再深入研究各个单位工程,从而制订实施性施工组织设计和特殊工程施工组织设计。在编制指导性施工组织设计时,可能对某些因素和条件未预见到,而这些因素或条件却是影响整个部署的。这就需要在编制了局部的施工设计组织后,有时还要对全局性的指导性施工组织设计作出必要的修正和调整。

项目三 施工过程组织原理

🔍 **学习目标**

1. 了解施工过程的概念及其组成要素。

2. 掌握施工过程的组织原则。

3. 了解施工过程时间组织的类型和表示方法。

4. 掌握施工过程时间组织的作业方式及特点。

任务一 施工过程组织原则

📖 任务描述

本任务主要是认知城市轨道交通工程施工过程,熟悉各组成要素,掌握在组织施工过程中应遵循的原则。

📖 问题思考

1. 施工过程的概念?

2. 施工过程的组成要素有哪些?

3. 施工过程的组织原则有哪些?

📖 相关知识

一、城市轨道交通工程施工过程的概念

施工过程,就是生产建筑产品的过程,它是由一系列的施工活动所组成的。

施工过程的基本内容主要是劳动过程,在某些情况下,还包含自然过程,如水泥混凝土硬化过程的养生等。此时,施工过程就是劳动过程和自然过程的结合,是互相联系的劳动过程和自然过程的全部生产活动的总和。

根据各种劳动在性质上以及对产品所起的作用上的不同特点,可以将施工过程划分为4个过程。

(一)施工准备过程

施工准备过程是指产品在投入生产前所进行的全部生产技术准备工作,如可行性研究、

勘测设计、施工准备等。

（二）基本施工过程

基本施工过程是指直接为完成产品而进行的生产活动,如挖基、砌基础、铺轨等。

（三）辅助施工过程

辅助施工过程是指为保证基本施工过程的正常进行所必需的各种辅助生产活动,如动力(电、压缩空气等)的生产、机械设备维修、材料加工等。

（四）施工服务过程

施工服务过程是指为基本施工和辅助施工服务的各种服务过程,如原材料、半成品、工具、燃料的供应与运输等。

二、施工过程的组成要素

组织城市轨道交通工程的施工,必须研究施工过程的组成,以适应施工组织、计划、管理等工作的需要。

按照现行的城市轨道交通工程设计概预算文件编制方法,将城市轨道交通工程划分为车站、区间、轨道、通信、信号、供电、综合监控、防火报警及环境与设备监控、安防及门禁、通风及空调与采暖、给水排水与消防、自动售检票、车站辅助设备、运营控制中心、车辆段与综合基地、人防等16个分类工程项目。相应于各个分类工程项目,又划分为若干目。对于车站工程,亦相应划分为地下车站、高架车站、地面车站等3个工程项目,各工程项目再细分若干目,如地下车站又分为车站主体、出入口通道、风道(风井)、监测、装饰、附属设施等。城市轨道交通工程就是由若干项目所组成的。

施工组织与管理工作,按上述项目可以做总体安排,但更多情况下还要进一步划分。从施工组织的需要出发,将施工过程依次划分为:

（一）动作与操作

动作是指工人在劳动时一次完成的最基本的活动,若干个相互关联的动作组成操作。完成一个动作所能耗用的时间和占用的空间是制订定额的重要原始资料。

例如:①桩位放样;②安钻头钻具;③压泥浆浮渣,就是放、安、压等动作组成操作。

（二）工序

工序是指施工技术相同、在劳动组织上不可分割的施工过程,它由若干个操作所组成,是组成生产过程的基本单位。例如:工序"回旋、钻机、钻孔"由3个操作组成。施工工艺流程因素包括工人编制、工作地点、施工工具和材料等方面,如果其中某个因素改变,就意味着从一道工序转入另一道工序。例如上述操作改变为"①稍提钻,低速空转;②加水稀释泥浆;③清渣30 m以内运输",则转入第二道工序"换浆法清孔"。施工组织往往以工序为最基本的对象。

（三）操作过程

操作过程是由几个在技术上相互关联的工序所组成,如对预制混凝土构件而言,包括安装模板、安放钢筋、制备混凝土、浇注混凝土、拆模和养生等工序组成。

（四）综合过程

由若干在产品结构上密切联系的,能最终获得一种产品[钻孔桩基础的施工过程(含回旋钻机钻孔、钢筋笼和灌注桩混凝土）］的总和。

以上划分，因工程性质及施工对象的复杂程度而异，并无统一划分的规定，要以是否有利于科学地进行施工组织与管理而定。因此，施工过程的划分要有利于科学地进行施工组织，工序可大可小。

三、施工过程的组织原则

影响施工过程组织的因素很多，如施工性质、施工生产类型、建筑产品结构、材料及半成品性质、机械设备条件、自然条件等，这使施工过程的组织变化较多，困难较大。因此，科学地、合理地组织施工过程更为重要。其原则可归纳为 4 个方面。

（一）施工过程的连续性

连续性是指产品在施工过程中的各阶段、各工序在时间上紧密衔接，不发生各种不合理的中断现象，表现为劳动对象始终处于被加工状态，或者在进行检验，或者处于自然过程中。保持和提高施工过程的连续性，可以缩短建设周期，减少在制品数量，节省流动资金，可以避免产品在停放等待时可能引起的损失，对提高劳动生产率具有很大的经济意义。

（二）施工过程的协调性（比例性）

施工过程的协调性也称比例性，是产品施工各阶段、各工序之间，在施工能力上要保持一定的比例关系，各施工环节的工人数、生产效率、设备数量等都必须互相协调，不发生脱节和比例失调现象。协调性是保证施工顺利进行的前提，可使施工过程中人力和设备得到充分利用，避免产品在各个施工阶段和工序之间的停顿和等待，从而缩短施工周期。施工过程的协调性在很大程度上取决于施工组织设计的正确性。

（三）施工过程的均衡性（节奏性）

施工过程的均衡性又称节奏性，是指企业的各个施工环节都按照施工生产计划的要求，工作负荷保持相对稳定，不发生时松时紧、前松后紧等现象。均衡施工能充分利用设备和工时，避免突击赶工造成的各种损失，有利于保证施工质量、降低成本，有利于劳动力和机械的调配。

（四）施工过程的经济性

施工过程组织除满足技术要求外，必须讲究经济效益。上述的连续性、协调性和均衡性，最终都要通过经济效果集中反映出来。

上述合理组织施工过程的 4 个方面是相互制约，互为条件的。在进行施工组织时，必须保证全面符合上述 4 个方面的要求，不可偏重某一方。

任务二　施工过程的时间组织

📖 任务描述

本任务主要是了解施工过程时间组织的类型以及图示方法，掌握施工过程时间组织的基本作业方式和特点。

📖 问题思考

1. 施工过程时间组织的类型有哪些?
2. 施工过程的表示方法有哪些?
3. 施工过程时间组织的基本作业方式?

📖 相关知识

施工过程的时间组织是施工过程组织的核心。其内容主要包括:根据拟订的施工方法和工程属性合理选择作业方式;科学安排施工顺序;在满足业主工期要求和保证工程质量的前提下,制订切实可行的进度计划;根据进度计划进行工期优化,满足合同工期要求。进度计划是施工组织设计的核心内容,也是时间组织成果的最终体现。进行时间组织的目的就是制订并优化施工进度计划,缩短工期,保证施工过程的连续性、均衡性、节奏性,使各项施工活动在充分体现效益与秩序中逐步展开和完成。

一、施工过程时间组织的类型及表示方法

(一)时间组织类型

1. 单施工段多工序型

单施工段多工序型是指施工任务不能划分或不需要划分为若干施工段,而只有一个施工段,在这个单一的施工段中含有 n 道工序的施工过程。

2. 多施工段多工序型

多施工段多工序型是指施工任务可以划分为多个施工段,每个施工段又含有 n 道工序的施工过程。

3. 混合型

混合型是指在一个施工任务中,既含有单个施工段多工序型,又含有多施工段多工序型。

(二)时间组织的表示方法

1. 横道图

横道图(又称横线图或甘特图)是将各项生产任务的作业时间用一条横向线段表示具有时间坐标的表栏上的形式。有横向工序式和横向工段式两种表现形式,如图 1-3-1 和图 1-3-2 所示。

2. 斜线图(又称垂直图或坐标图)

斜线图(又称垂直图或坐标图)在图式上与横道图的区别仅仅是用斜线表示各项施工任务的时间进程,而且绘图的过程是由下至上进行的。斜线图分为斜线工序式和斜线工段式两种表现形式,如图 1-3-3 和图 1-3-4 所示。

3. 网络计划图

网络图是由箭线和节点组成的,用来表示工作流程的有序有向的网状图形。

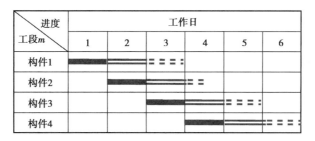

进度
工段m
工作日
1
2
3
4
5
6
构件1
构件2
构件3
构件4
图例：模版：
钢筋：
混凝土：

图 1-3-1 横向工序式进度图

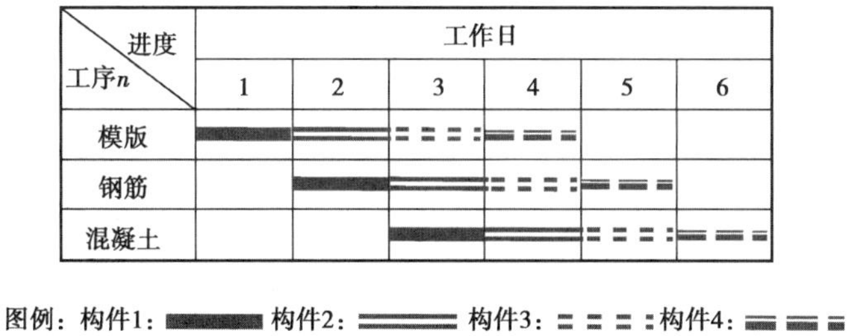

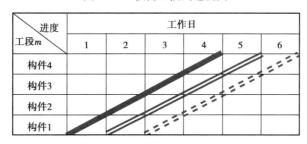

进度
工序n
工作日
1
2
3
4
5
6
模版
钢筋
混凝土
图例：构件1：
构件2：
构件3：
构件4：

图 1-3-2 横向工段式进度图

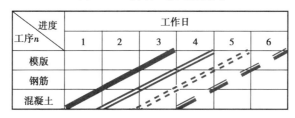

进度
工段m
工作日
1
2
3
4
5
6
构件4
构件3
构件2
构件1
图例：模版：
钢筋：
混凝土：

图 1-3-3 斜线工序式进度图

进度
工序n
工作日
1
2
3
4
5
6
模版
钢筋
混凝土
图例：构件1：
构件2：
构件3：
构件4：

图 1-3-4 斜线工段式进度图

二、施工过程的时间组织的基本作业方法

工程施工的时间组织有 3 种基本作业方法:顺序作业法、平行作业法、流水作业法。在进行城市轨道工程施工组织设计时,这 3 种方法既可以单独使用,也可以综合运用。这 3 种作业法可以用横道图、斜线图表示,也可以用网络图表示。下面举例讲解这 3 种基本作业方法。

例 1-3-1 4 座小涵洞的施工任务(劳动量、施工技术条件、工程属性完全相同)。

前提条件:4 座涵洞形成 4 个施工段,把每个施工段划分 3 道工序,即基础、洞身、洞口。每道工序建一个专业班组,每班组需要人工分别为 6、12、9 人,每 2 天完成一道工序。

(一)顺序作业法

1. 定义

顺序作业法是指从某一个施工段开始做起,各专业作业班组按工艺顺序先后投入,完成一个施工段的全部施工任务后,接着再去完成另一个施工段的任务,直至完成全部任务的作业方法。

由图 1-3-5 可以看出,顺序作业法有以下特点:

①单位时间内需要投入施工现场的资源数量较少,有利于资源供应的组织工作;

②因为只有一个施工队在施工,所以施工现场的组织管理工作比较简单;

③不能充分利用工作面去争取时间,工期长;

④施工队不能实行专业化施工,不利于提高工程质量和劳动效率,机械设备不能充分利用。

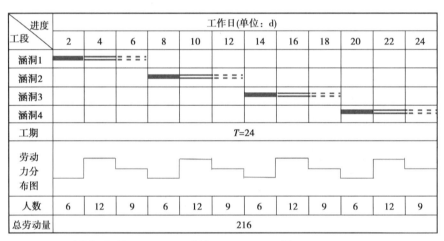

图 1-3-5 顺序作业法

2. 工期计算

若完成一个施工段的全部工序所需时间为 t_i,则完成 m 个施工段的所有工序需要的时间即为总工期 T:

$$T = \sum_{i=1}^{m} t_i \tag{1-3-1}$$

式中 t_i——完成某施工段所有工序的持续时间,$i = 1 \sim m$。

由式(1-3-1)可知,按顺序作业布置,本例工程总工期为 $T = \sum_{i=1}^{m} t_i = m \times t_i = 4 \times 6 = 24(\text{d})$

(二)平行作业法

1. 定义

平行作业法是指各施工段同时开工进行第一道工序作业,完成第一道工序后,按照工艺顺序依次投入后继工序的作业，直至完成工段上所有的工序。施工任务中含有多少个施工段，就相应地组织多少个施工队。

由图 1-3-6 可以看出，平行作业法有以下特点：

①充分利用工作面，从而缩短工期；

②施工队不能实行专业化施工，不利于提高工程质量和劳动生产率；

③协调性、均衡性差，劳动力需要量出现高峰；

④单位时间内需要投入施工现场的资源成倍增长，给材料供应、机械设备调度等带来困难；

⑤因为施工队多，人员集中，所以施工现场的组织管理工作复杂。

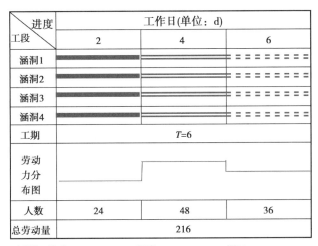

图 1-3-6　平行作业法

2. 工期计算

由图 1-3-6 可知，平行作业的总工期 T 等于 m 个施工段中作业时间最长的那个任务的作业持续时间，即

$$T = \max\{t_j\} \tag{1-3-2}$$

式中　t_i——完成某施工段的施工任务所持续的时间，$j = 1, 2, \cdots, m$。

由式（1-3-2）可知，本例按平行作业法布置总工期为：$T = \max\{t_j\} = 6(\text{d})$。

（三）流水作业

1. 定义

流水作业法是指当施工任务含有若干施工段时，其各个施工段相隔一定时间依次投入施工生产，相同的工序依次进行，不同的工序则平行进行的一种作业方法。

由图 1-3-7 可以看出，流水作业法的工期比顺序作业法短，比平行作业法长。通过比较可以看出，流水作业法消除了以上两种作业法的缺点，其特点如下所述：

①科学地利用工作面，总工期比较合理；

②施工队采用专业化施工，可使工人的操作技术水平不断提高，为进行技术改造、革新创造了条件，更能保证工程质量，同时获得更高的劳动生产率；

③专业施工队实行连续作业，相邻专业施工队之间搭接紧凑，体现了施工的连续性；

④单位时间内需要投入施工现场的资源数量较之均衡,有利于资源供应的组织工作;

⑤施工有节奏,为文明施工和进行施工现场的科学管理创造了条件。

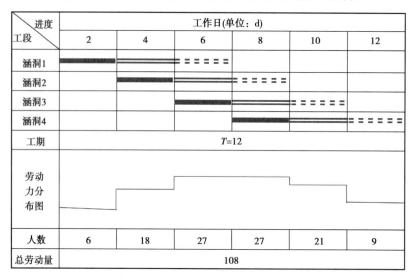

图例：基础：▰▰▰▰ 洞身：▭▭▭ 洞口：▭ ▭ ▭

图 1-3-7 流水作业法

2. 工期计算(公式在流水施工技术类型中有详细介绍)

$$T=T_0+T_n=(m-1)\times K+n\times t_i=(m+n-1)\times t_i=(4+3-1)\times 2=12(d)$$

(四)作业方式的综合运用

顺序作业法、平行作业法、流水作业法在生产过程中不仅可以单独运用,而且可以根据具体条件,将3种基本作业方式加以综合运用,从而形成平行流水作业法、平行顺序作业法以及立体交叉平行流水作业法。这些施工过程时间组织的综合形式,一般均能取得较明显的经济效果。

1. 平行流水作业法

平行流水作业法是在平行作业法的基础上,按照流水作业法的原则组织施工,以达到适当缩短工期,而又使劳动力、材料、机具需要量保持均衡的目的。

其特点是:工、料、机需要量比较均衡;工期比流水作业法短;能有效缩短专业队组的间歇时间;充分利用施工资源。

2. 平行顺序作业法

平行顺序作业法把合同段的施工过程分成几条生产线平行施工,而在完成其中某条生产线的具体施工任务时,又可将具有独立施工条件、工艺顺序互不相同的若干分项工程组织成顺序作业的一种作业方法。

其实质是用增加施工力量的方法来达到缩短工期的目的。它使顺序作业法和平行作业法之缺点更加突出,故仅适用于突击性施工情况。

3. 立体交叉平行流水作业法

立体交叉平行流水作业法是在平行流水作业的原则上,采用上、下、左、右全面施工的方法,它可以充分利用工作面和有效地缩短工期。一般适用于工序繁多、工程特别集中的大型构造物的施工,如大桥、立体交叉、隧道等工程量大、工作面狭窄、工期短的情况。

模块二 施工组织管理专业知识

项目一 流水施工组织

🔍 学习目标

1. 了解流水施工的基本概念和流水作业法的组织步骤。

2. 掌握流水作业主要参数以及计算方法。

3. 根据流水作业的参数确定流水作业的类型和总工期。

4. 掌握无节拍流水作业施工次序的确定方法。

5. 掌握各种流水作业类型的施工进度横道图的编制方法。

任务一 流水施工技术原理

📖 任务描述

应用流水施工组织的原理对施工过程进行时间组织,计算决定流水作业状态和结果的主要参数。

📖 问题思考

1. 流水施工组织的主要参数有哪些?

2. 影响流水节拍长短的因素有哪些?

📖 相关知识

一、流水施工基本概念

流水施工是指当施工任务含有若干个施工段时,其各个施工段相隔一段时间依次投入施工生产,相同工序依次进行,不同工序则平行进行的一种作业方法。它是一种科学有效的工程项目施工组织方法,可以充分地利用工作时间和操作空间,减少非生产劳动消耗,提高劳动生产率,保证工程施工连续、均衡、有节奏地进行,从而提高工程质量、降低工程造价、缩短工期。

流水施工技术是建立在合理分工、紧密协作和批量生产基础上的一种科学合理的施工组织方法,由于它能充分体现施工过程的连续性、均衡性和协调性,经济效果突出,人们在进行施工过程组织时,只要条件允许,就尽可能采用此法来组织施工。为了深入了解并合理运用流水作业法,本项目将进一步讨论流水施工组织的基本原理。

二、流水作业法的组织

(一)划分施工段

划分施工段,就是把劳动对象按自然形成或人为地划分成劳动量大致相等的若干段。如:一个标段上有若干小涵洞,可以把每个小涵洞看作一个施工段,这就自然形成了若干施工段。如果把一个标段的路线工程部分划分成 1 km 一段,就属于人为地把劳动对象划分了若干施工段。

(二)划分工序

划分工序就是把劳动对象的施工过程,划分成若干道工序或操作过程,每道工序或操作过程分别按工艺原则建立专业班组,即有几道工序,原则上就应该有几个专业施工队。

(三)确定施工顺序

确定施工顺序就是各个专业班组按照一定的施工顺序,依次、连续地由一个施工段转移到下一个施工段,不断地完成同类施工。如路线的施工顺序是:施工准备、施工放样、路基施工、铺轨施工等,各专业班组按照这样一个施工顺序,由一个施工段转移到下一个施工段,直至完成全部工程。

(四)施工段之间、工序之间尽可能连续

为了缩短工期,提高经济效益,减少施工工人和施工机械的闲置时间,施工段上各相邻工序之间或本工序在相邻施工段之间进行作业的时间,应尽可能相互衔接起来。

三、流水作业法的主要参数

流水作业施工过程是一个相对独立和完整的系统,在这一系统中,决定流水作业状态和结果的主要因素是流水作业参数,包括空间参数、工艺参数和时间参数。

(一)空间参数

执行任何一项施工任务,都要占用一定范围的空间。在组织流水作业时,用工作面、施工段数这两个参数来表达流水作业在空间布置上所处的状态,这些参数称为空间参数。

1. 工作面 A

某一个专业工种的工人或某种型号的机械在进行施工操作时所必须具备的活动空间称为工作面。

工作面的大小决定了最多能安置多少工人和布置多少台机械,它反映了空间组织的合理性。工作面的布置以最大发挥工人和机械的效力为目的,并遵守安全技术和施工技术规范的规定。

2. 施工段数 m

划分施工段的目的是多创工作面,给下道工序尽早开工创造条件;也为了给不同的专业队(组)同时作业创造必要条件。

划分施工段的要点:

①人为划分施工段时,要使各施工段劳动量大致相等,相差以不超过 15% 为宜。

②施工段的划分,应考虑施工规模、资源供应等,通常以主导工序的组织为依据。

③施工段的划分,应考虑施工对象的结构整体完整性。如:大型人工构造物以伸缩缝、沉降缝为界分段,一般的工程结构应在受力最小而又不影响结构外观的位置分段。

④施工段的划分要考虑各作业班组有合适的工作面。过小,不能充分发挥人、机械的效力;过大,影响工期。

(二)工艺参数

任何一项工程的施工,都由若干不同种类和特性的工序(施工过程)组成,每一道工序都有其特定的施工工艺。在组织流水作业时,用工序(施工过程)和流水强度这两个参数来表达流水作业施工工艺开展顺序及特征,这些参数称为工艺参数。

1. 工序数 n

根据具体状况,把一个工程项目(分部工程)划分为若干道具有独立施工工艺特点的个别施工过程,即工序。工序数常用 n 来表示。每一道工序由一个专业班组来承担施工。如预制混凝土构件可分为钢筋组、木工组、模板组、混凝土浇筑组等。

工序数要根据构造物的复杂程度和施工方法来确定,划分工序时,应注意以下问题:

①工序划分的粗细程度应以流水作业进度计划的性质为依据。对于实施性的流水作业进度计划,应划分得细一些,可划分到分项工程。对于控制性的进度计划,应划分得粗一些,可以是单位工程,甚至是单项工程。

②结合所选择的施工方案划分工序。如钢筋混凝土结构的现场浇注和预制安装,两者的划分施工工序的差异是很大的。

③划分工序应重点突出,抓住主要工序,不宜太细,使流水作业进度计划简明扼要。

④一个流水作业进度计划内的所有工序应按施工先后顺序排列,所采用的工序名称应与现行定额的项目名称一致。

2. 流水强度 V

流水强度又称流水能力或生产能力,是指每一工序(专业班组)在单位时间内所完成的工程量。流水强度越大,专业队应配备的机械、需用的人工及材料等也就越多,工作面相应增大,施工期限将会缩短。

(1)机械施工时的工序流水强度计算

$$V_i = \sum_{i=1}^{x} R_i \cdot C_i \qquad (2\text{-}1\text{-}1)$$

式中　V_i——工序 i 的机械作业流水强度;

　　　R_i——某种施工机械台数;

　　　C_i——该种施工机械的台班产量定额(时间定额的倒数);

　　　x——投入同一工序的主导施工机械种类。

(2)人工操作时的工序流水强度计算

$$V_i = R_i \cdot C_i \qquad (2\text{-}1\text{-}2)$$

式中　V_i——工序 i 的人工作业流水强度;

　　　R_i——每一专业班组人数;

　　　C_i——平均每一个工人每班产量,即产量定额(时间定额的倒数)。

例 2-1-1　某铲运机铲运土方工程,推土机 1 台,$C = 1\ 562.5\ \text{m}^3/$台班,铲运机 3 台 $C = 223.2\ \text{m}^3/$台班,求流水强度。

解: $V_i = \sum\limits_{i=1}^{x} R_i \cdot C_i = 1 \times 1\ 562.5 + 3 \times 223.2 = 2\ 232.1(\text{m}^3/$台班$)$。

例 2-1-2　某人工开挖土方工程,工人 5 人,$C = 22.2\ \text{m}^3/$工日,求流水强度。

解: $V_i = R_i \cdot C_i = 5 \times 22.2 = 111(\text{m}^3/$工日$)$。

(三)时间参数

每一工序的完成都要消耗时间。在组织流水作业时,用流水节拍、流水步距、流水展开期、技术间歇时间、组织间歇时间这 5 个参数来表达流水作业在时间排列上所处的状态,这些参数称为时间参数。

1. 流水节拍 t_i

流水节拍 t_i 是指一道工序在某个施工段上的持续时间。当施工段数目确定后,流水节拍的长短影响总工期。影响流水节拍长短的因素有:施工方案、施工段的工程数量、专业施工队的人数、机械台数、每天的作业班次等。

计算流水节拍的方法有多种,通常可以根据合同的阶段工期计算,根据投入的工人数或机械数计算,也可根据有关定额和施工经验及实际的劳动生产率计算。流水节拍的大小必须满足工作面的要求,否则不能发挥人工、机械的效能,甚至无法作业。组织者可以通过改变投入的施工力量来调整流水节拍值的大小,条件不同时应逐段计算。

为了避免施工专业队组转移工地地点时耽误作业时间,尽量利用下班或午间休息完成转移工作,流水节拍应取整数或半天的整数倍。由于在其他条件一定的情况下,流水节拍越短则工期越短,理论上讲,流水节拍越短越好,但实际上,由于受到作业面的限制,流水节拍的长短有一定的界限,每一种施工过程都有其最小流水节拍,即在一个施工段上完成一道工序可能的最短延续时间,若小于此值,不能发挥人、机械的足够效能。

(1)定额计算法

根据各施工段的工程量、实有工人和机械数量确定流水节拍 t_i:

$$t_i = \frac{Q_i}{C_i \cdot R_i \cdot N_i} = \frac{Q_i \cdot S_i}{R_i \cdot N_i} \tag{2-1-3}$$

式中　t_i——某专业工作队在第 i 施工段的流水节拍;

Q_i——某专业工作队在第 i 施工段要完成的工作量;

S_i——某专业工作队的计划时间定额;

R_i——某专业工作队投入的工作人数和机械台数;

N_i——某专业工作队的工作班次;

C_i——某专业工作队的计划时产量定额。

(2)经验估算法

$$t_i = \frac{a + 4c + b}{6} \tag{2-1-4}$$

式中　a——某专业工作队在第 i 施工段上估算最短施工持续时间;

b——某专业工作队在第 i 施工段上估算最长施工持续时间;

c——某专业工作队在第 i 施工段上估算正常施工持续时间。

（3）工期反算法

如果施工任务紧迫，必须在规定日期内完成施工任务，可采用倒排进度的方法求流水节拍。首先根据要求总工期 T 倒排进度，确定某一工序的施工作业总持续时间 T_i，再根据施工段数 m 反求流水节拍 t_i：

$$t_i = \frac{T_i}{m} \tag{2-1-5}$$

然后检查反求的流水节拍 t_i 是否大于最小流水节拍 t_{min}，若不满足，可通过调整施工段数和专业队人数及作业班次，再综合考虑其他因素重新确定。t_{min} 的计算公式为

$$t_{min} = \frac{Ai_{min} \cdot Q \cdot S}{A} \tag{2-1-6}$$

式中　A_{min}——每个人或每台机械所需的最小工作面；

　　　A——一个施工段实际具有的工作面数值；

　　　Q_i——某施工段的工程数量；

　　　S——某工序的时间定额。

2. 流水步距 K

流水步距指两相邻不同工序（专业班组）相继投入同一施工段开始工作的时间间隔，即开始时间之差，通常用 K 表示。流水步距 K 的大小，对总工期有很大影响。在施工段数目和流水节拍确定的条件下，流水步距越大，总工期就越长，反之越短。确定流水步距时，在考虑正确的施工顺序、合理的技术间歇、适当的工作面和施工的均衡性的同时，一般还应遵循以下原则：

①采用最小的流水步距，即相邻两工序在开工时间上最大限度、合理地连接，以缩短工期。

②流水步距要能满足相邻两工序在施工顺序上相互制约的关系。

③尽量保证各施工专业队都能连续作业。

④确定流水步距要保证工程质量，考虑各个施工过程之间必需的技术和组织间歇时间，满足安全施工的要求，确保某施工过程在某施工段上的流水节拍。

3. 流水展开期 T_0

从第一个施工专业队开始作业起，到最后一个施工专业队开始作业止，其时间间隔称为流水展开期，用 T_0 表示。流水展开期之后，全部施工专业队都进入流水作业（当 $m>n$ 时），每天的各种资源需要量保持不变，各专业队每天完成相应的工作量，开始了连续、均衡而紧凑的流水作业阶段。可知流水展开期 T_0 等于各流水步距 K 值之和。

4. 技术间歇时间 $J_{i,i+1}$

在组织流水作业时，不仅要考虑专业队之间的协调配合、施工质量、施工安全等，有时根据材料特点和工艺要求，还要考虑合理的工艺等待时间，然后下一专业队才能进入施工，这个等待时间叫技术间歇时间。如混凝土的养生、油漆的干燥等。

5. 组织间歇时间 $Z_{i,i+1}$

在流水作业中，由于施工技术和施工组织的原因，造成流水步距以外增加的间歇时间称为组织间歇时间。如施工进行中的验收、检查、施工人员和机械的转移等需要的时间都是组织间歇时间。

任务二　流水施工技术类型

📖 任务描述

根据施工过程流水施工参数的不同特点,组织各种类型的流水施工作业。并分析各个流水作业的特点,以及施工进度横道图形式。

📖 问题思考

1. 流水施工组织的类型有哪些?
2. 全等节拍流水、成倍节拍流水、分别节拍流水、无节拍流水施工各有什么特点?

📖 相关知识

由于工程构造物的复杂程度不同以及地理环境影响,造成了流水参数的差异,使流水施工作业分为有节拍流水作业和无节拍流水作业。其中,有节拍流水作业又分为全等节拍流水、成倍节拍流水和分别流水。

一、有节拍流水作业

(一)全等节拍流水

1.定义

在组织流水作业时,如果所有工序在各个施工段上的流水节拍彼此相等,这种组织方式的流水作业称为全等节拍流水。

由于全等节拍流水的流水节拍相等,所以流水步距相等,且流水节拍和流水步距也相等,即 $t_i = t_j = K_{ij} =$ 常数。全等节拍流水是一种理想的组织方式,在安排施工时,各作业队都能够连续作业,实现了紧凑、连续、均衡的施工,但在实际生产过程中很少遇到这种情况。

例2-1-3　某施工项目有4个构件,每个构件有模板、钢筋、混凝土3个施工过程,流水节拍均为1天。其作业时间表见表2-1-1。

表2-1-1　某施工项目各工序作业时间表

工段 m / 工段 n	构件1	构件2	构件3	构件4
	1	2	3	4
模版	1	1	1	1
钢筋	1	1	1	1
混凝土	1	1	1	1

根据表2-1-1所列工序流水节拍,绘制横道图(图2-1-1),其中 $m=4, n=3$。

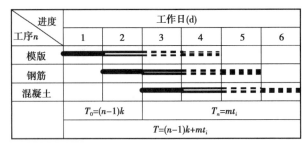

图 2-1-1　全等节拍流水施工进度图

2. 总工期计算

由图可知,流水展开期 T_0 为各施工专业队(即工序)之间的流水步距 K 值之和。因此,施工专业队(即工序)数为时,流水步距必然只有 $n-1$ 个,则

$$T_0 = (n-1)k \tag{2-1-7}$$

最后一个施工专业队(即工序)应在每个施工段上依次作业,它的全部作业时间 T_n 应为

$$T_n = mt_i \tag{2-1-8}$$

式中各符号意义同前。

流水作业的总工期 T 等于 T_0 与 T_n 之和,即:

$$T = T_0 + T_n = (n-1)k + mt_i = (m+n-1)t_i \tag{2-1-9}$$

式中各符号意义同前。

例 2-1-1 的总工期 $T = (4+3-1) \times 1 = 6$。

3. 全等节拍流水特点

①流水节拍彼此相等,流水步距彼此相等,而且两者的数值也相等。即 $t_i = k_{ij} = $ 常数,这也是组织全等节拍流水作业的条件。

②按每一道工序各组织一个施工专业队,即施工专业队的数目等于工序数 n。

③每个施工专业队都能连续作业,施工段没有空闲,实现了连续、均衡而又紧凑的施工,是一种理想的组织方式。

(二)成倍节拍流水

1. 定义

相同工序的流水节拍在所有施工段上都相等,不同工序的流水节拍彼此不相等,存在最大公约数(1 除外)。$t_i = $ 常数,$t_i \neq t_j \neq K$,$K \neq $ 常数。

2. 成倍节拍流水作业施工组织

由于成倍流水节拍作业的工序流水节拍不等,如果 n 道工序安排 n 个专业队组织施工会出现专业队间歇、作业面闲置的问题。因此要加大其资源投入数量,增加流水节拍长的工序的专业队数,使各专业队连续、均衡施工,如图 2-1-2 所示。

其步骤如下:

①求各工序的流水节拍的最大公约数 K_k。与原流水步距 K 意义不同,K_k 是作为按成倍节拍流水组织流水作业的一个参数,是各道工序都共同遵守的"公共流水步距"。

②求各工序的施工专业对数目 b_i。每道工序的流水节拍 t_i 是 K_k 的几倍,就相应安排几

个施工专业队,即:施工专业队数目:$b_i = t_i / K_k$(见表 2-1-2)。同一道工序的各个施工专业队就依次相隔 K_k 天投入流水作业施工,这样才能保证均衡、连续地施工。

③将施工专业队数目的总和 $\sum b_i$ 看作"总工序数 n'",将 K_k 看作"流水步距"然后,按全等节拍流水作业安排施工进度。

④计算总工期 T:

将 $n' = \sum b_i, K_k = K$ 代入公式得

$$T = (m + n' - 1) \cdot k = (m + \sum b_i - 1) K_k \tag{2-1-10}$$

例 2-1-4　某项目有 3 个施工段,每个施工段有基础、砌墙身、回填土 3 道工序,作业时间见表 2-1-2,对此项目进行时间组织。

表 2-1-2　某施工项目各工序作业时间表

工段 m / 工段 n	施工段 1	施工段 2	施工段 3	$b_i = t_i / K_k$(组)
基础	2	2	2	1
砌墙身	6	6	6	3
回填土	4	4	4	2
$\sum b_i = n'$			6 个作业组	

解:由表 2-1-2 可知,三道工序的流水节拍分别是 2 天、6 天、4 天,根据上述步骤计算:

①各工序流水节拍的最大公约数为 2,即 $K = 2$。

②各工序的专业队数 $b_i = t_i / K_k$,分别为 $2/2 = 1, 6/2 = 3, 4/2 = 2$。

③总专业队数:$\sum b_i = 1 + 3 + 2 = 6$。

④计算总工期:$T = (m + \sum b_i - 1) K_k = (3 + 6 - 1) \times 2 = 16(\text{d})$。

根据表 2-1-2 所列流水节拍和计算的专业队数目,绘制横道图(图 2-1-2)。

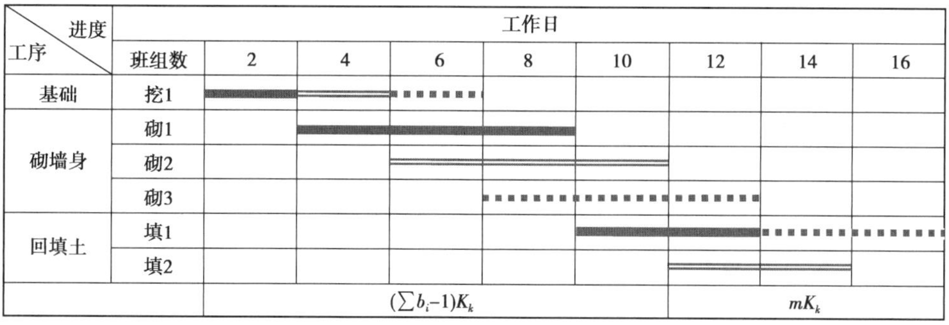

图 2-1-2　成倍节拍流水施工进度图

3. 成倍节拍流水特点

①同一工序在各个施工段上的流水节拍彼此相等,不同工序在同一施工段上的流水节拍彼此不相等,但成倍数关系,这也是组织成倍节拍流水作业的条件。

②施工专业队的数目大于工序数。

③各施工专业队都能保持连续施工,施工段没有空闲,整个施工过程是连续、均衡的,各施工专业队按自己的节奏施工。

(三)分别流水作业

1. 定义

分别流水是指相同工序的流水节拍在各个施工段上彼此相等,不同工序的流水节拍不完全相同,也不成倍数关系。其中,t_i = 常数,$t_i \neq t_j \neq K$,$K \neq$ 常数。

例 2-1-5 某项目有 4 个构件,每个构件有模板、钢筋、混凝土 3 道工序,作业时间见表2-1-3,对此项目进行时间组织。

表 2-1-3 某工程项目各工序作业时间表

工段 m ／ 工段 n	构件 1	构件 2	构件 3	构件 4
模版	2	2	2	2
钢筋	1	1	1	1
混凝土	3	3	3	3

由各工序的作业时间表可知,此项目为分别流水作业。组织分别流水作业时,首先应保持各施工段本身均衡而不间断地进行,然后将各工序彼此衔接协调。既要避免各工序之间发生矛盾,也要尽可能减少作业面的空闲时间,使整个施工安排保持最大限度的紧凑。

2. 计算工期

由于分别流水的流水步距不是常数,所以总工期以采用两种方法确定,即:

①紧凑法(只要具备开工要素就开工,此方法的总工期不是采用公式法计算得到,而是一般采用作图法或直接编阵法确定),如图 2-1-3(a)所示。

②潘特考夫斯基法(各专业队连续作业),如图 2-1-3(b)所示。

由图 2-1-3 可见,此项目采用紧凑法总工期为 15 d,采用潘特考夫斯基法总工期为 18 d。

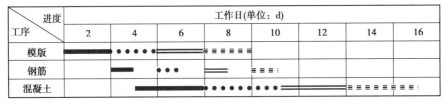

(a)紧凑法

(b)潘特考夫斯基法(各专业队连续作业)

图 2-1-3 分别流水作业施工进度图

3. 特点

①$t_i \neq K \neq C$（常数）。

②在组织分别流水作业时,首先应尽力保持各工段不同工序交接的连续性,使工段本身均衡而不间断地作业,减少工作面空闲时间。

③考虑在具备开工条件的前提下,尽力将不同工段上的相同工序彼此衔接,减少组织间隙时间,即减少专业队工地转移时的等待时间。

二、无节拍流水作业

(一)定义

无节拍流水作业是指同类工序的流水节拍在各施工段上不完全相同,并且不同类工序的流水节拍相互也不完全相等的流水作业。$t_i \neq$ 常数,$t_i \neq t_j$,$K \neq$ 常数。见表 2-1-4 所列项目作业时间表,即为无节拍流水作业。

表 2-1-4　某施工项目各工序作业时间表

工段 m 工段 n	构件 1	构件 2	构件 3	构件 4
	1	2	3	4
模版	2	3	6	4
钢筋	4	2	3	4
混凝土	6	5	9	7
施工次序	构件 2	构件 1	构件 4	构件 3

(二)特点

在实际工程中,各施工过程的工程量分布不均衡,各施工专业队在机具和劳动力固定的条件下,流水作业速度不可能总保持一致,流水节拍不可能相等,所以,有节拍流水作业很少,大多是无节拍流水作业,即 $t_i \neq$ 常数且 $K \neq$ 常数。

(三)工期计算

无节拍流水作业的作图与分别流水作业一样,也有两种方法(图 2-1-4),即:

(a)紧凑法

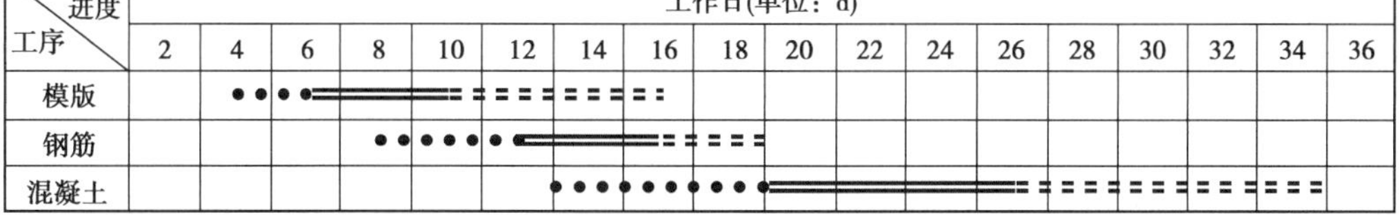

(b)潘特考夫斯基法(各专业队连续作业)

图 2-1-4　无节拍流水作业施工进度图

①紧凑法(只要具备开工条件就开工)。为了求得最短总工期,首先要对各施工段的施工次序进行排序(本项目任务四中详细讲述),按最优次序进行作图,计算总工期。

②潘特考夫斯基法(各专业队连续作业)。

关于无节拍流水作业的工期计算及作图将在任务四的内容中讲解。

任务三　流水作业的作图

📖 任务描述

本任务介绍两种施工过程时间组织形式:应用潘特考夫斯基法组织流水施工,保证施工队连续作业;紧凑法施工保证工期最短。两种方法各有优缺点,根据需要安排。

📖 问题思考

某工程项目按Ⅰ、Ⅱ、Ⅲ、Ⅳ、Ⅴ顺序施工,流水节拍见表2-1-5,试按潘特考夫斯基法计算计划总工期,并绘制横向工段式施工进度图。

表2-1-5　流水节拍

工序 ＼ 施工段	作业时间				
	Ⅰ	Ⅱ	Ⅲ	Ⅳ	Ⅴ
A	5	3	4	5	5
B	4	5	4	3	3
C	4	3	4	4	3
D	6	5	6	5	3

📖 相关知识

流水作业法的施工组织意图和内容,通过流水作业图的形式表达出来,流水作业作图要点如下:

(一)开工要素

任何一道工序开工时,必须具备工作面和资源(人工、机械、材料等)两个开工要素,两者中缺少任何一个,工序都不具备开工条件,工序无法进行。

(二)工序衔接原则

①相邻工序之间及工序本身,应尽可能衔接,以取得最短施工总工期。

②工序衔接必须满足工艺要求和自然过程(混凝土的硬化等)的需要。

③尽量使相同工序在各施工段上能连续作业,并尽量使相邻不同工序在同一施工段上

能连续作业。

④图中的首工序和末工序,均可按需要与可能采取连续作业或间歇作业。

(三)紧凑法流水作业组织

为了使流水作业图取得最短总工期,作图时,各相邻工序之间,尽量紧凑衔接,即尽量使所排工序向作业开始方向靠拢(一般向图的左端靠拢)。

(四)专业队在各施工段间连续作业的组织

在流水作业组织中,可使各个专业队在各施工段间连续作业,以避免"停工待面"和"干干停停"。这样虽然不能保证工期最短,但是会提高经济效益。

为了组织在总工期尽可能短的条件下,各施工专业队能在各个施工段间进行连续作业,必须确定相邻各专业队(相邻工序)间最小流水步距 K_{min}。最小流水步距 K_{min} 可以用潘特考夫斯基法和"纸条串法"确定。

1. 潘特考夫斯基法

潘特考夫斯基法组织流水作业的中心思想是应用"潘氏法则"计算流水步距。"潘氏法则"的做法为:相邻工序流水节拍"累加数列、错位相减、取大值",将这个值作为相邻工序间的最小流水步距。下面以具体事例介绍其具体步骤。

(1)列表

按施工段和工艺顺序,以及各工序在施工段上的流水节拍确定施工顺序,并列表,见表2-1-6。

表 2-1-6　某施工项目各工序作业时间

施工段 工序	I	II	III	IV
A	2	3	4	2
B	3	2	1	3
C	2	3	2	1

(2)求首施工段上各最小流水步距

①求 K'_{AB}。

将 A 工序的 t_A 依次累计叠加,可得数列:2　5　9　11;

将 B 工序的 t_B 依次累计叠加,可得数列:3　5　6　9。

将后一工序的数列向右错一位,进行两数列相减,即:

$$
\begin{array}{rrrrrr}
\text{A:} & 2 & 5 & 9 & 11 & \\
\text{B: } -) & & 3 & 5 & 6 & 9 \\
\hline
& 2 & 2 & 4 & 5 & -9
\end{array}
$$

则所得数列中的最大正数为5,即 A、B 两工序的最小流水步距 $K'_{AB}=5$。

②同理求 K'_{BC}。

$$
\begin{array}{lccccc}
B: & 3 & 5 & 6 & 9 & \\
C:-) & & 2 & 5 & 7 & 8 \\
\hline
 & 3 & 3 & 1 & 2 & -8
\end{array}
$$

则所得数列中最大正数为3，即 B、C 两工序的最小流水步距 $K'_{BC}=3$。

如果还有更多的工序，最小流水步距的求法完全相同。

(3)绘制流水作业图

根据求得的最小流水步距和流水节拍表，绘制流水作业图，如图 2-1-5 所示。

进度
工序
工作日(单位：d)
2
4
6
8
10
12
14
16
A
B
C

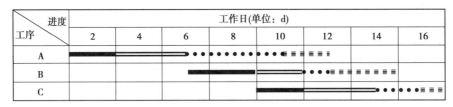

图 2-1-5 最小流水步距施工进度图

(4)结论

由图可得总工期 $T=16$ d，公式为

$$
T=\sum_{i=1}^{n-1} k_{i,i+1}+\sum_{h=1}^{m} t_h=(5+3)+(2+3+2+1)=16\ \text{d} \tag{2-1-11}
$$

若采用紧凑法组织施工，见图 2-1-6，可得总工期 $T=15$ d。在实际生产中，应根据具体情况选取组织方法。运用潘氏法则组织施工，虽然导致了总工期的变动，但变动幅度不会太大，这种方法可以避免不必要的"停工待面"或"间歇作业"，保证专业队组连续、均衡生产。

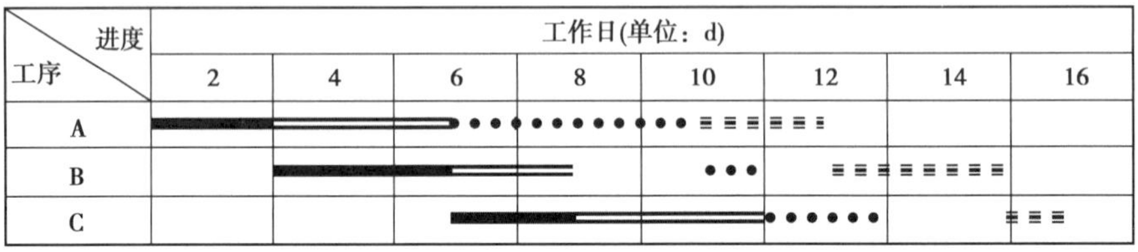

进度
工序
工作日(单位：d)
2
4
6
8
10
12
14
16
A
B
C

图 2-1-6 紧凑法施工进度图

2. 纸条串法

当施工任务的工段、工序及其流水节拍数量较小时（如分项工程），采用"纸条串法"绘制"横线工段式"进度图更为简便。这种方法最大的特点是直观、简洁、无须计算、便于调整。具体方法如下：

①绘制"流水作业进度图"的图框，填好施工进度日历和工序名称（进度图）。

②将首工序即 A 工序，将各个施工段上的流水节拍直接连续地绘于进度图上，并标明施工段名称。

③将 B 工序在各个施工段上的流水节拍连续地绘在纸条上，并标明施工段名称。然后将纸条在进度图的 B 工序行内由左向右调整，调整的原则是：相同符号的施工段不能重叠

（重叠说明两个不同的施工专业队进入了同一施工段，即上道工序还没有完工，还不具备工作面的条件下，下一道工序就进入了施工场地），但要做到衔接紧凑。调整好后，将纸条固定。

④将 C 工序在各个施工段上的流水节拍连续地绘在纸条上，并重复上述方法，调整好后，将纸条固定。

若还有更多的工序，一直重复上述方法。

任务四 无节拍流水作业施工次序的确定

📖 任务描述

无节拍流水作业各工段的施工作业次序不同时，其总工期也不同。为了使总工期最短，本任务讲述了确定无节拍流水作业施工次序的方法。

📖 问题思考

某工程作业时间列表见表 2-1-7，试确定最优施工次序及最短总工期，并绘制横向工段式流水作业图。

表 2-1-7 某工程作业时间列表

工序＼施工段	作业时间			
	I	II	III	IV
A	7	3	5	2
B	2	3	1	3
C	8	6	3	5

📖 相关知识

由前述讨论可知，无节拍流水作业各工段的施工作业次序不同时，其总工期也不同。为此，在组织无节拍流水作业时，需先进行施工段排序，否则不能求得最短施工总工期。

如果有 m 个施工段，每个施工段都具有 n 道工艺相同的工序（工艺不同的工序无法进行比较），那么，怎样安排各个施工段的施工次序，才能使总工期最短呢？

这里所指的 m 个施工段，是指那些施工内容相同的单位工程、分部、分项工程（而不同施工内容的施工段无法排序）。n 道工序是指 m 个施工段中，受某种客观条件（如关键资源）制约的工序，或指那些人为合并的工序。

一、m 个施工段，2 道工序时，施工次序的确定

对于这类问题，可以用约翰逊－贝尔曼法则（约贝法则）来解决。这个法则的基本原则

是:先行工序施工工期短的要排在前面施工,后续工序施工工期短的要排在后面施工。也就是先列出 m 个施工段的"流水节拍表",然后,在表中依次选取最小数,而且每列只选一次,若此"数"属于先行工序,则从前面排,反之,从后面排。

例如,某施工项目可分为 5 个施工段,每个施工段上有 2 道工序,即 $m=5$,$n=2$,各工序流水节拍表如表 2-1-8 所示。运用约贝法则,确定各施工段最优施工次序。

表 2-1-8　流水节拍表

工序 n ＼ 工段 m	Ⅰ	Ⅱ	Ⅲ	Ⅳ	Ⅴ
A	4	4	8	6	2
B	5	1	4	8	3

按约贝法则填表,各施工段的施工次序排列如下:

第一个最小数是 1,属于后续工序,所以填在表中施工次序的最后一格,并将表中Ⅱ施工段这一列划去。

第二个最小数是 2,属于先行工序,所以填在表中施工次序的最前面一格,并将表中Ⅴ施工段这一列划去。

其余依次类推,将施工次序安排表填列完毕,如表 2-1-9 所示,可确定各个施工段的最优施工次序为Ⅴ、Ⅰ、Ⅳ、Ⅲ、Ⅱ。

表 2-1-9　施工次序排列表

填表顺序 ＼ 施工次序	1	2	3	4	5
1					Ⅱ
2	Ⅴ				
3		Ⅰ			
4				Ⅲ	
5			Ⅳ		
列表最小数	2	4	6	4	1
施工段顺序	Ⅴ	Ⅰ	Ⅳ	Ⅲ	Ⅱ
A	2	4	6	8	4
B	3	5	8	4	1

绘制施工进度图,确定施工总工期。

按流水作业法组织施工,其施工进度图如图 2-1-7 所示,其总工期为 25 d。若不按"约翰逊-贝尔曼"法则确定最优施工次序,一般不能取得最短施工总工期,如本例若按Ⅰ、Ⅱ、Ⅲ、Ⅳ、Ⅴ的施工次序施工,总工期需要 33 d,比按最优次序求得的工期多 8 d。

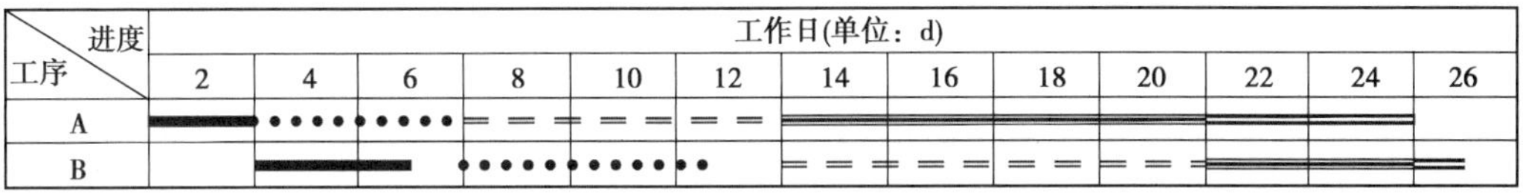

图 2-1-7　按最优施工次序绘制的施工进度图

二、m 个施工段，3 道工序时，施工次序的确定

对于这类问题,如果符合下列两种情况中的一种,就可采用约贝法则,这两种情况分别是:

①第一道工序中最小的工序持续时间 $A_{\min}$ 大于或等于第二道工序中最大的工序持续时间 $B_{\max}$,即 $A_{\min} \geqslant B_{\max}$。

②第三道工序中最小的工序持续时间 $C_{\min}$ 大于或等于第二道工序中最大的工序持续时间 $B_{\max}$,即 $C_{\min} \geqslant B_{\max}$。

对于 m 个施工段 3 道工序的情况,施工次序的排序问题,只要符合上述两条中的任意一条时,即可按下述步骤来求得最优施工次序。

第一步:将各个施工段中第一道工序 A 和第二道工序 B 的工序持续时间依次加在一起,即 A+B。

第二步:将各个施工段中第二道工序 B 和第三道工序 C 的工序持续时间依次加在一起,即 B+C。

第三步:将上两步中得到的工序持续时间表,看作两道工序的工序持续时间表,见表 2-1-10 中的 A+B 和 B+C。

第四步:按上述 m 个施工段 2 道工序时的排序方法,求出最优施工次序。

第五步:按所确定的施工次序绘制施工进度图,确定施工总工期,如图 2-1-8 所示。

表 2-1-10　流水节拍表

施工段 工序	I	II	III	IV	V
A	3	2	8	10	5
B	5	2	3	3	4
C	5	6	7	9	7
A+B	8	4	11	13	9
B+C	10	8	10	12	11
最优次序	II	I	V	IV	III

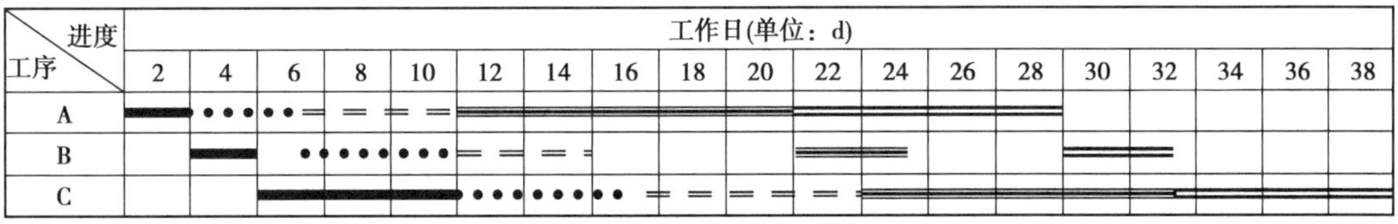

图 2-1-8　按最优施工次序绘制的施工进度图

如果 m 项任务,3 道工序,不能满足上述前提条件,则应按照上述原理,将工序重新组合成 m 项任务,2 道工序的情形,再按约贝法则确定最优施工次序。组合的方式有:(A,B+C);(A+B,C);(A+C,B);(A+B,B+C);(A+C,B+C);(A+B,A+C)。注意:先行工序和后续工序的位置不能颠倒,如(A+C,A+B)的组合是错误的。

三、m 个施工段,工序多于 3 道时,施工次序的确定及直接编阵法计算工期

(一)运用约贝法则求近似解,确定项目施工次序

当每工段的工序数大于 3 时,可以采用以下步骤确定最优施工次序:

①把 n 道工序分成任意两组,将同一组内工序的作业时间对应相加后,看作一道工序的作业时间,这样某项任务就变成虚拟的 2 道工序的作业时间,此时应注意对每项任务的某种分组方法必须是相同的。

②运用 m 项任务,2 道工序的施工排序方法,即约贝法则,排序并作图,求得这种虚拟情况下的"较优解"。但是这种分组的方式很多,因此,将得到许多个"较优解",我们可以从一定数量的分组中选出这些虚拟的"较优解",经比较取工期最短者,作为相对最优解。若能够排出所有分组的可能性,经过排序和作图,即可找出最短工期的精确解。

(二)直接编阵法确定项目工期

在实际工程中,对于小型施工项目的排序问题,我们可以通过直接编阵法计算工期,而不必每一次都画出进度图来确定施工工期。

直接编阵法计算工期的原理是:只要具备了开工要素就开工,属于紧凑法施工组织安排。具体计算见表 2-1-11。

表 2-1-11　某施工项目各工序流水节拍表　　单位:d

工序＼施工段	Ⅰ	Ⅱ	Ⅲ	Ⅳ
A	3	4(7)	2(9)	5(14)
B	3(6)	2(9)	6(15)	1(16)
C	5(11)	3(14)	7(22)	3(25)
D	2(13)	6(20)	4(26)	2(28)

说明:

①对于第一行各新元素,可以直接累加得到。因为,对于 A 工序来说,所有施工段上的工作面都是闲置的,只要有生产力就可以开工,所以可以直接用旧元素值加左边新元素值得到该新元素值。也就是说,到第 14 d,A 工序(作业队)就完成了所有施工段上的施工任务。

②对于第一列(即首施工段Ⅰ)各新元素,也是直接用旧元素值加上面新元素值得到该新元素值。因为,所有工序(专业队)都是闲置的,即生产力能满足要求,只要有工作面就可以开工,所以,每累加一个数,也就是一道工序,已完成了在首施工段Ⅰ上的操作。

③对于其他新元素值,用旧元素值加上面或左边两新元素中的较大值(之所以加较大值是为了具备开工要素,上面的数值说明有无工作面,左边的数值说明有无生产力),得该新元素值,从第二行起依序进行,直至完成。

项目二　网络计划技术

学习目标

1. 了解网络计划技术的基本原理、特点和分类。

2. 掌握双代号网络计划图、双代号时标网络计划图、单代号网络计划图的绘制原则和绘制方法。

3. 掌握双代号网络计划图时间参数的计算方法、关键线路的确定方法。

4. 掌握网络计划的工期优化、资源优化和费用优化的方法。

任务一　网络计划技术概述

📖 任务描述

认知网络计划技术的含义和基本原理,熟悉网络计划技术相比于横道图的优点。根据不同指标,对网络计划图进行分类。

📖 问题思考

1. 网络计划的基本原理是什么?

2. 网络计划图有哪些优点?

📖 相关知识

一、网络计划技术的含义

网络计划技术是随着现代科学技术和工业生产的发展所产生的,是图论在生产组织管理中的应用,是运筹学的一个分支和系统工程的基础理论之一,是采用关键线路法(CPM)、计划评审技术(PRET)和其他以网络图表表达计划管理的重要方法。网络计划技术是用网络计划对任务的工作进度进行安排,以保证实现预定目标的科学的计划管理技术。

基本原理:首先应用网络图形来表达一项计划(或工程)中各项工作的开展顺序及相互之间的关系,通过对网络图进行时间参数的计算,找出计划中的关键工作和关键线路,继而通过不断优化网络计划,寻求最优方案,以便在计划执行中对计划进行有效的控制与监督,保证合理地使用人力、物力和财力,以最小的消耗取得最大的经济效果。

二、网络计划技术的特点与分类

建设工程中,进度计划通常有两种表达方式:横道图和网络计划图。横道图进度计划是最早对施工进度安排的科学表达方式。这种表达方式简单、明了、直观、容易掌握,便于检查和计算资源需求状况,因而很快地应用于工程进度计划中,并沿用至今。但它在表现内容上有很多缺点,如不能全面而准确地反映各项工作之间相互制约、相互依赖、相互影响的关系;不能反映整个计划(或工程)中的主、次部分,即关键工作;难以对计划作出准确的评价,不便于进行各种时间计算;不能充分应用现代化的计算工具。

(一)网络计划的特点

网络计划与横道图进度计划相比,有相同的功能。同时,网络计划有如下优点:

①能全面而明确地反映各工作之间的相互制约和相互依赖关系。

②能进行各种时间参数的计算;在名目繁多、错综复杂的计划中找出决定工程进度的关键工作,便于计划管理者集中力量抓住主要矛盾,确保工期,避免盲目施工。

③能够从许多可行性方案中选出最优方案。

④能反映各工作的机动时间,当某一作业提前或延后时,能从计划中预见到对其后续工作和总工期的影响,而且能根据变化情况进行调整,保证自始至终对计划进行有效的控制和监督。

⑤利用网络计划中反映出的各项工作的时间储备,可以更好地调配人力、物力,以达到降低成本的目的。

⑥能利用微机从许多方案中按不同目标(工期、成本、资源等),对计划进行计算,优化和调整,从中选出最佳方案,为施工组织者随时提供信息,有利于加强施工管理。

(二)网络计划的分类

按不同指标,可将网络计划分成不同的类型。

1. 按工序持续时间能否确定分类

①肯定型网络计划:肯定型网络计划指网络图中各工序的持续时间值是固定的,整个网络计划有确定的计划总工期,它可以用制订定额的方法来确定,如关键线路法(CPM)。

②非肯定型网络计划:非肯定型网络计划指网络图中各工序的作业时间不能确定,只能采用估计值,整个网络计划无确定计划总工期,如计划评审法(PERT)。

2. 按表达方式不同分类

①单代号网络计划:单代号网络计划是以单代号表示法绘制的网络计划。网络图中,每个节点表示一项工作,箭杆仅用来表示各项工作间相互制约、相互依赖的关系。

②双代号网络计划:双代号网络计划是以双代号表示法绘制的网络计划。在网络图中,箭杆用来表示工作,节点仅标志一项工作结束、另一项工作开始的瞬间,具有承上启下的作用。

3. 按最终目标分类

①单目标网络计划:单目标网络计划是指只有一个终点节点的网络计划,即网络图只具

有一个最终目标。

②多目标网络计划:多目标网络计划是指终节点不止一个的网络计划。此种网络计划具有若干个独立的最终目标。

4.按有无时间坐标分类

①时标网络计划:时标网络计划是以时间坐标为尺度绘制的网络计划。

②非时标网络计划:非时标网络计划是不按时间坐标绘制的网络计划。

5.按层次分类

①总网络计划:总网络计划是以整个计划任务为对象编制的网络计划。

②局部网络计划:局部网络计划是以某个分部(或分项)工程为对象编制的网络计划。

6.按工程复杂程度分类

①简单网络计划:工作数在 500 道以内的网络计划。

②复杂网络计划:工作数在 500 道以外的网络计划。

7.按工作的衔接特点分类

①普通网络计划:工作关系按首尾衔接关系绘制。

②搭接网络计划:按各种搭接关系绘制。

③流水网络计划:能够反映流水施工的特点。

任务二　双代号网络计划图的绘制

📖 任务描述

根据双代号网络计划图的组成要素、绘制原则以及各工序之间的逻辑关系完成双代号网络计划图绘制任务,掌握虚箭线的使用。

📖 问题思考

1.双代号网络计划图构成要素有哪些?

2.绘制双代号网络计划图时应遵循哪些基本原则?

3.根据表 2-2-1 绘制双代号网络计划图。

表 2-2-1　某工程工作关系表

工作代号	A	B	C	D	E	F	G	H	I	J
紧前工作			A	A	A、B	B	C	C、D、E	F	G、H

📖 相关知识

一、双代号网络计划图的构成

用双代号网络计划图来表示工程进度计划是目前应用较为普遍的网络计划形式。这种网络计划图由箭线、节点和线路3个要素组成。其工作由箭线来表示,节点都编以号码,箭线前后两个节点的号码代表该箭线所表示的工序,因此叫"双代号"。

(一)箭线

①箭线表示一项工作(或称活动、过程、工序)。该工作就是按需要的粗细程度划分而成的一个消耗时间或消耗资源的一个子项目或子任务。

箭线所指的方向表示工作的进行方向,箭尾表示工作的开始,箭头表示工作的结束。

双代号网络图中箭线又分为实箭线和虚箭线。

②工作,完成它需消耗一定的工、料、机和时间;如油漆的干燥、混凝土构件的养生不消耗资源,但是消耗时间,常用"→"表示。

③虚箭线:表示工作是虚拟的,不存在的。其既不消耗时间也不消耗资源,只是用来表达相邻前后工作之间的逻辑关系,常用"→"表示。

④在无时标的网络图中,箭线的形状、长短、粗细与工作的持续时间无关,为了整齐,一般用直线或折线绘制。

⑤紧前工作、紧后工作、先行工作、后续工作、平行工作。当连续施工时,箭线会连续画,就某工作而言,紧靠其前面的工作称为紧前工作,紧靠其后面的工作称为紧后工作,该项工作称为本工作,所有在其前面完成的工作称为先行工作,所有在其后面的工作称为后续工作。与某项工作平行,无先后顺序的工作为平行工作。

(二)节点

节点是网络图中前后两个相邻工序的交接点,用圆圈表示。

①在双代号网络图中,它表示一项工作或多项工作的结束和允许后面一项或多项工作开始的时间点,只表示一个"瞬间",起到前后工作衔接的作用,既不消耗时间也不消耗资源。常在节点圆圈内加一个编号,用以表示工作顺序。

②起始节点、终点节点、箭头节点、箭尾节点。双代号网络图中第一个节点叫起始节点,最后一个节点为终点节点,箭线头部的节点称为箭头节点,箭线尾部的节点称为箭尾节点。

③如图 2-2-1 所示,在双代号网络图中,可能有许多箭线指向同一节点,对于该节点来讲,这些箭线称为内向箭线;也可能有许多箭线从同一节点发出,对于该节点来讲,这些箭线称为外向箭线。起始节点只有外向箭线,终点节点只有内向箭线,其他节点既有内向箭线又有外向箭线。

(a)内向箭线　　　　　　　(b)外向箭线

图 2-2-1　内向箭线与外向箭线

④节点编号:为了便于检查和计算,每个节点均应统一编号,一条箭线前后两个节点的号码就是该箭线表示的工作代号。节点编号可以不连续,但不能重复,且箭尾节点的号码要小于箭头节点的号码。

(三)线路

网络图中从起始节点开始,沿箭线方向连续通过一系列箭线与节点,最后到达终点节点所经过的通路,称为线路。每一条线都有自己确定的完成时间,它等于该线上各项工作持续时间的总和,称为线路时间。时间最长的线路为关键线路或主要线路,其余为非关键线路。位于关键线路上的工作称为关键工作,其完成的早晚直接影响整个计划工期的实现。因此,关键线路一般用粗线(或双箭线)来突出表示。位于非关键线路上的工作称为非关键工作,它具有机动时间(即时差)。利用非关键工作的机动时间可以科学、合理地调配资源及对网络计划进行优化。

二、网络图的工作逻辑关系

(一)双代号网络图工作的表示方法

一项工作用一条箭线和两个节点表示,节点中填入编号,如 m,n 等,工作名称 A 和完成工作所需的时间 $t_{(m,n)}$ 或资源标注在箭线的上、下方,如图 2-2-2 所示。既不消耗时间也不消耗资源的虚工作表示如图 2-2-3 所示。

图 2-2-2　双代号网络图工作　　　　图 2-2-3　虚工作

(二)逻辑关系及其表示

逻辑关系是指在工作进行时,客观上存在的一种先后次序关系。根据施工工艺和施工组织的要求,它包括工艺逻辑关系和组织逻辑关系。

①工艺关系:工艺关系是指由施工工艺决定的各工作之间的先后顺序关系。当一个工程的施工方法确定之后,工艺关系也就随之被确定下来。如果违背这种关系,将不可能进行施工,或造成质量、安全事故,导致返工和浪费,故工艺关系具有不可改变性。图 2-2-4 是某基础工程网络计划,其中 5 道工作的先后关系完全是由工艺要求决定的,是绝对不能改变的。

图 2-2-4　基础工程工艺关系示例

②组织关系:组织关系是指在施工过程中,由于人力、机械、材料和构件等资源的组织安排需要而形成的一种人为安排的各工作之间的先后顺序关系。不同的组织安排可以产生不同的施工效果,所以组织关系存在优化的问题。图 2-2-5 是一个轨道工程各工作先后顺序网络图,路基1 和路基2、铺轨1 和铺轨2 也可以组织其他顺序,比如平行施工,那这个网络图是组织关系决定的。

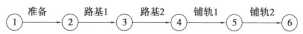

图 2-2-5　轨道工程组织关系示例

常见的逻辑关系的表示方法见表 2-2-2。

表 2-2-2　网络图中各工作逻辑关系表示方法表

序号	工作之间的逻辑关系	网络图中表示方法	说明
1	有 A、B 2 项工作,按照依次施工方法进行	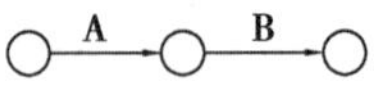	B 工作依赖于 A 工作,A 工作约束 B 工作开始
2	有 A、B、C 3 项工作同时开始工作	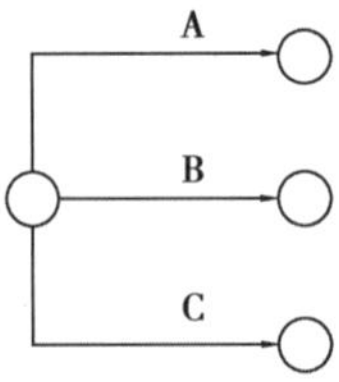	A、B、C 3 项工作称为平行工作
3	有 A、B、C 3 项工作同时结束	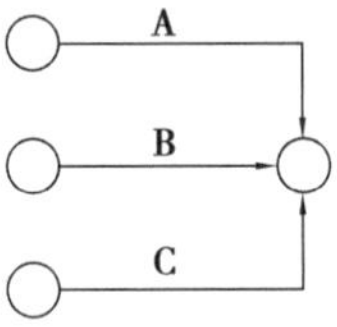	A、B、C 3 项工作称为平行工作
4	有 A、B、C 3 项工作,只有在 A 完成后,B、C 才能开始	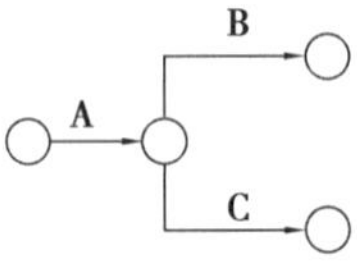	A 工作制约着 B、C 工作的开始,B、C 为平行工作
5	有 A、B、C 3 项工作,A、B 均完成后才能开始 C 工作	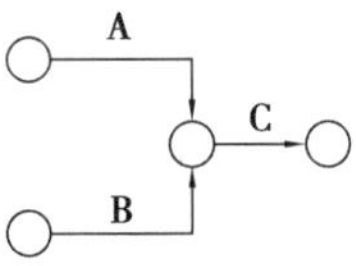	C 受 A、B 2 项工作约束,A、B 为平行工作
6	有 A、B、C、D 4 项工作,A、B 均完成后 C、D 才能开始	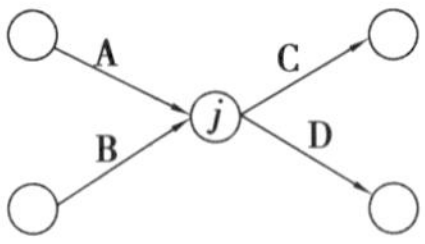	C、D 同时受 A、B 两项工作约束通过中间事件 j 表达出来
7	有 A、B、C、D 4 项工作,A 完成后进行 C,A、B 均完成后进行 D	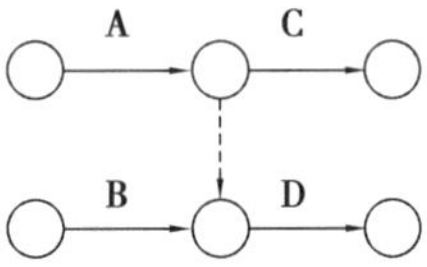	D 与 A 之间引入了逻辑连接(虚工作),只有这样才能正确表达它们之间的约束关系
8	有 A、B、C、D、E 5 项工作,A、B 均完成后进行 D,B、C 均完成后进行 E	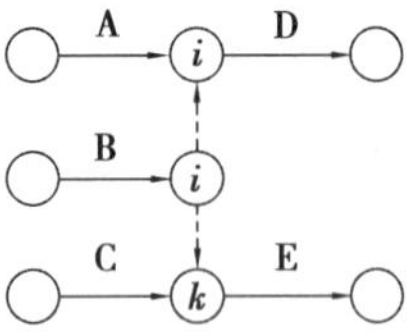	虚工作 $i-j$ 建立了 B、D 的约束关系,虚工作 $j-k$ 建立了 B、E 的约束关系
9	有 A、B、C、D、E 5 项工作,A 完成后进行 C、D,B 完成后进行 D、E	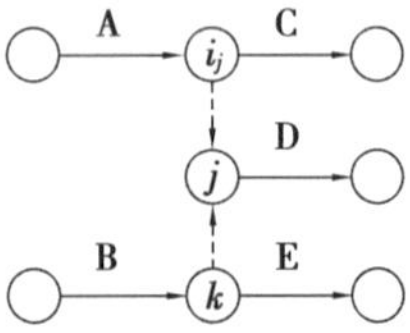	$i-j$ 反映出 A 对 D 的约束,$j-k$ 反映出 B 对 D 的约束

续表

序号	工作之间的逻辑关系	网络图中表示方法	说明
10	有 A、B、C、D、E 5 项工作,A、B、C 完成后 D 才能开始,B、C 完成后 E 才能开始	A D B E C	虚工作表示 D 受到 B、C 工作的约束
11	有 A、B、C、D、E、F 6 项工作,A 完成后进行 D,A、B、C 均完成后进行 E,C 完成后进行 F	A D B E C F	两项虚工作分别表示 A、C 对 E 工作的约束
12	A、B 两项工作分 3 段组织流水施工:A₁ 完成后进行 B₁、A₂,A₂ 完成后进行 B₂、A₃,B₂ 又应在 B₁ 完成后进行,A₃ 完成后进行 B₃,B₃ 还必须等 B₂ 完成后才能进行	A₁ B₁ A₂ B₂ A₃ B₃	每个施工过程建立一个专业工作队,每个专业工作队依次进入各施工段完成相应施工任务,不同工种之间用逻辑搭接关系表示

(三)虚箭线在双代号网络计划图中的应用

虚箭线表示该工作既不占用时间,也不消化资源,是一个假想的工作,它只是表达了各工作之间的逻辑关系,具体应用表现在以下两个方面:

①虚箭线用于解决工作间的逻辑关系。

如图 2-2-6 中,A 工作的紧后工作是 C、D,B 的紧后工作是 D,为了正确表示 A、D 的工作关系,就需要使用虚箭线将 A、D 两项工作连接起来,表示 A 完成后 D 才能开始。

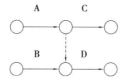

图 2-2-6 轨道工程组织关系示例

②当两项或两项以上工作同时开始并同时完成时,必须引入虚箭线,以避免造成错误,如图 2-2-7 所示。

③虚箭线可以解决逻辑关系"断路"。

在绘制双代号网络图时,很容易将原本没有逻辑关系的工作联系到一起,为避免发生此种错误,就要使用虚箭线,将没有关系的工作隔开。

例如某隧道工程,分为 3 道工序,掘进 A、支撑 B、衬砌 C,分 3 段交叉施工,如果绘制成图 2-2-8,就是把没有关系的第二段的掘进工作 A₂ 与第一段的衬砌工作 C₁ 连在一起,同样还有 A₃ 和 C₂。所以要引进虚箭线,将不该发生逻辑关系的工作隔断,如图 2-2-9。这种断路法组织分段流水施工时应用非常广泛。

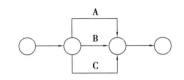

（a）错误的表达方式

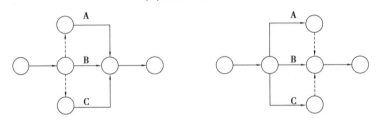

（b）正确的表达方式

图 2-2-7　虚箭线表达正确的逻辑关系

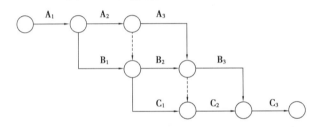

图 2-2-8　不正确的虚箭线用法

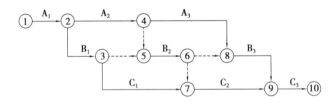

图 2-2-9　虚箭线表达的正确逻辑关系

④虚箭线在不同工程项目之间工作有联系时的应用。

甲、乙两项独立工程施工时，应分别绘制双代号网络图，但当两工程的某些工作存在联系时，如利用同一台机械或班组进行施工时，可以用虚箭线来表示它们的相互关系。比如甲工程中的 B 工作和乙工程中的 H 工作用同一台机械，那网络图中加虚箭线，如图 2-2-10 所示。

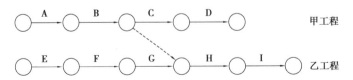

图 2-2-10　虚箭线在不同工程项目间的应用

三、双代号网络计划图的绘制

（一）双代号网络图的基本规则

在绘制双代号网络计划图时,应正确地表达工作间的逻辑关系,引用虚箭线,遵循相关的绘图基本原则,否则,网络图就不能正确反映项目的工作流程,不能正确进行时间参数的计算。绘制双代号网络计划图的基本原则如下:

①一个网络图只允许有一个起始节点和一个终节点。

如果存在多个起始节点或多个终点节点,可增设虚箭线把各个起始节点或终点节点连接起来。如图 2-2-11(a)应改成 2-2-11(b)才正确。

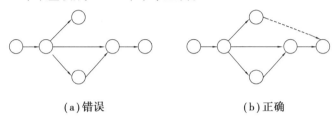

(a)错误　　　　　　　　(b)正确

图 2-2-11　终节点的画法

②一对节点之间只能有一条箭线。

在双代号网络图中,一条箭线和两个代号表示一项工作,如果一对节点之间存在多条箭线,就无法分清这两个代号表示哪一项工作,如出现这种情况,应引进虚箭线。如图 2-2-12(a)改成 2-2-12(b)才正确。

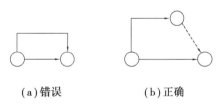

(a)错误　　　　　　　　(b)正确

图 2-2-12　一对节点之间两条箭线的画法

③严禁出现相同编号的节点或相同代码的工作。

④不允许出现循环线路。

在网络图中,从一个节点出发,顺着某一线路又能回到原出发节点的线路称为循环线路,图 2-2-13(a)中①→②→③为一条循环线路。循环线路表达的工作关系是错误的,在工艺顺序上是相互矛盾的,无法反映出先行工作和后续工作,在计算时间参数时也只能循环进行,无法得出结果。应改为如图 2-2-13(b)所示的正确形式。

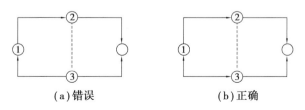

(a)错误　　　　　　　　(b)正确

图 2-2-13　出现循环回路画法的改正

⑤网络图中严禁出现双箭头或无箭头的连线,并应避免使用反向箭线。

一条箭线表示一项工作,同时也表示工作的施工方向,箭头的方向就是工作的施工前进方向,因此在网络图中不允许出现无箭头的线段和双箭头的箭线。

绘制网络图时,使用反向箭头很容易造成工作逻辑关系的混乱,出现循环线路,尤其在时标网络技术图中,时间是不可逆的,更不允许出现反向箭线。

⑥网络图中严禁出现没有开始节点或终点节点的工作。图 2-2-14(a)中,表示 A 工作进行到一定程度时 B 工作才开始,但没有反映出准确的开始时间,这种画法是错误的,应该改为图 2-2-14(b)的画法。

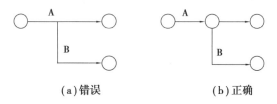

（a）错误　　　　　（b）正确

图 2-2-14　开始节点的画法

⑦一条箭线的箭头节点应大于箭尾节点编号。图 2-2-15 中,j 应大于 i。

图 2-2-15　节点的画法

⑧网络图的布局应合理,尽量避免箭线的交叉。如无法避免,可用"暗桥法"或"指向法"来表示,如图 2-2-16 所示。

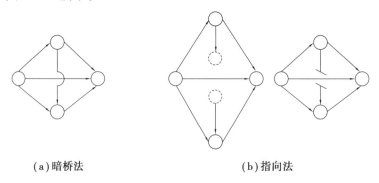

（a）暗桥法　　　　　　　　　（b）指向法

图 2-2-16　交叉箭线的表示

(二)双代号网络计划图的绘制

1.绘制步骤

①按施工方案分解工作。最先应清楚该项目工作的内容,将施工任务分解为若干单项工作(工序)。

②根据已确定的工序,确定哪些是紧前工作或紧后工作,并找出工作之间的相互关系。

③确定各单项工作的持续时间,绘制工作关系时间表。当确定了各项工作之间的逻辑关系后,还应确定各单项工作的持续时间,工作的持续时间直接影响网络计划的质量。持续时间确定后,再根据已知资料,绘制工作时间表。其基本内容包含:工作代号、工作名称、紧前工作(紧后工作)、持续时间等。

④按施工次序的约束条件绘制双代号网络计划草图,再逐步调整和编排,尽量消除交叉

箭杆。

调整编排时,可采用下列方法:

后退法:从完成的工作开始排,由后向前排,一直排到开始工作;

前进法:从开始的工作开始排,按紧接在后面的工作依次排下去,直到终点工作。

⑤整理成图。对绘制好的草图进行多次修改,主要工作是:去掉多余箭线,检查工作逻辑关系,网络计划图布置是否合理,最后对各节点进行正确的编号。

2.通过实例绘制双代号网络计划图

(1)工作关系为紧前工作

例2-2-1　按照表2-2-3中工作关系,绘制双代号网络计划图。

表2-2-3　某工程工作关系表

工作	A	B	C	D	E	F	G	H	I	J	K	L	M	N	O
紧前工作		A	A	B、C	A	A	F	D、E、G	D、E	H、I	J	J	K、L	K	M、N

解:首先分析工作关系,建立工作间的层次。

第一步,找出同时开始的工作(如:B、C、E、F工作的紧前工作都是A,所以B、C、E、F同时开始)。

第二步,再找出同时结束的工作(如:B和C工作同时开始又同时结束,所以肯定要有虚箭线;H和I工作同时结束,但不是同时开始,所以可以在一个节点结束)。

分析完成后,开始动手画草图,见图2-2-17(注意先画圆圈,不要在圆圈中填写数字,以免出现编号错误)。

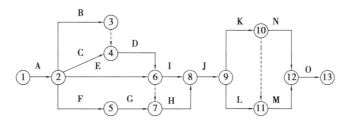

图2-2-17　双代号网络图

第一步,画出一个开始节点1,然后画出A工作,因为A工作没有紧前工作,所以A工作是最前面的工作。

第二步,画出B、C、E、F工作,都从2节点开始。

第三步,由于B和C工作同时开始又同时结束,所以在B工作后面画出3节点,在C工作后面画出4节点,3和4之间画出虚箭线,如果D工作从4节点开始,则虚箭线的箭头指向4节点,如果D工作从3节点开始,则虚箭线的箭头指向3节点。

第四步,F与G工作的关系是简单的,可以直接画出。

第五步,由于I紧前工作为D、E,H紧前工作为D、E、G,有同类项,所以先画出I工作与D、E工作的关系,即D、E工作同时在6节点结束,I工作从6节点开始。

第六步,用虚箭线将D、E工作关系引出至7节点,然后画出H与G工作的关系,即H工作从7开始。

第七步,H与I工作同时结束在8节点。

第八步,J 工作从 8 节点开始,在 9 节点结束。

第九步,K、L、M、N 和 O 工作的工作关系较为简单,可按上述方法依次画出。

第十步,检查逻辑关系,将节点填上数字,箭头节点号大于箭尾节点号。

(2)工作关系为紧后关系

例 2-2-2 按照表 2-2-4 中工作关系,绘制双代号网络计划图。

表 2-2-4　某工程工作关系表

工作	A	B	C	D	E	F	G	H	I	J	K	L	M	N	O
紧后工作	B、C、E、F	D	D	H、I	H、I	G	H	J	J	K、L	M、N	M	O	O	

解:首先分析工作关系。

第一步,找出同时开始的工作(如:A 工作的紧后工作是 B、C、E、F 工作,所以 B、C 工作同时开始,B、C 工作的紧后工作都是 D 工作,B、C 工作同时开始且同时结束)。

第二步,再找出同时结束的工作(如:D 和 E 工作的紧后工作都是 H、I,所以 D 和 E 工作同时结束,但不是同时开始,所以可以在一个节点结束;又如 O 工作紧后工作没有,所以为结束工作)。

分析工作完成后,开始动手画草图。

第一步,画出一个开始节点①,然后画出 A 工作,因为 A 工作在紧后工作中没有出现,所以 A 工作是最前面的工作。注意先画圆圈,不要在圆圈中填写数字表示节点,以免出现编号错误。

第二步,画出 B、C、E、F 工作,都从②节点开始。

第三步,由于 B 和 C 工作同时开始又同时结束,所以在 B 工作后面画出③节点,在 C 工作后面画出④节点,③和④之间画出虚箭线,D 工作从④节点开始,G 工作紧随 F 工作后开始,从⑤至⑦节点。

第四步,D、E 的紧后工作都是 H、I 工作,而 G 工作的紧后工作仅有 H 工作,因此合并同类项,在 D、E 的结束节点⑥开始 I 工作,并用虚箭线将 6 节点关于 D 与 E 的工作关系引至⑦节点,从⑦节点开始 H 工作,如图 2-2-17 所示。

第五步,H 与 I 工作的紧后工作都是 J 工作,所以 H 与 I 工作同时结束在⑧节点,J 工作从⑧节点开始。

第六步,K、L、M、N 和 O 工作的关系较为简单,可按上述方法依次画出,如图 2-2-17 所示。

第七步,以上草图是从前向后画的,要反向检查,即从后向前检查。

第八步,将上述所画节点的圆圈填充数字,以完成节点。注意箭头节点应大于箭尾节点。

任务三　双代号网络计划图时间参数的计算

📖 任务描述

分析双代号网络计划图各个工作的持续时间和逻辑关系,计算节点时间参数和工作时间参数,为进度计划的优化和调整提供依据。

📖 问题思考

1. 根据表 2-2-5 绘制双代号网络计划图,计算时间参数,并标出关键线路。

表 2-2-5 某工程工作关系表

工作名称	A	B	C	D	E	F	G	H	I	J	K	L
紧后工作	B、C、D	E、I	F	F、G	H	J	H	K		L、K		
持续时间	6	4	7	3	5	4	8	3	5	7	6	8

2. 某工程的工作关系见表 2-2-6,请绘制双代号网络计划图,计算相关时间参数并确定关键线路。

表 2-2-6 某工程工作关系表

工作名称	A	B	C	D	E	F	G	H	I
紧前工作		A	A	C	B、C	B	D、E	E、F	G、H
持续时间	2	5	1	2	3	2	3	2	1

📖 相关知识

计算网络计划时间参数是确定机动时间和关键线路的基础,是确定计划工期的依据,同时也是进行网络计划的调整与时间、资源、费用优化的前提。

网络计划的时间参数按其特性可分为两类:控制性时间参数和协调性时间参数。其中,控制性时间参数包括最早时间系列参数和最迟时间系列参数;协调性时间参数包括工作总时差、自由时差(有资料上介绍了相干时差和独立时差,在此不作介绍)。

一、节点时间参数的计算

节点时间参数是以节点作为研究对象进行计算的,节点时间表示工作开始或结束的瞬间,包括节点的最早开始时间和节点的最迟开始时间。

(一)节点最早开始时间(ET)

1. 定义

节点的最早可能开始时间为节点可以开工的最早时间,表示该节点的紧前工作已全部完工。

2. 计算方法

从开始节点起,沿箭线方向,依次计算每一个节点,直至结束节点。如果有多条箭线汇集到某个节点,则应对进入该节点的各条箭线分别进行计算,然后取最大值作为该节点的最早开始时间。如无规定,开始节点最早可能开始时间为零,即 $ET_1=0$,其余节点计算公式为

$$ET_{(j)} = \max\{ET_{(i)}+t_{(i,j)}\} \quad (j=2,3,\cdots,n,i=j-1) \tag{2-2-1}$$

式中　$ET_{(j)}$——节点 j 的最早开始时间；

　　　$ET_{(i)}$——节点 i 的最早开始时间；

　　　$t_{(i,j)}$——工作 (i,j) 的持续时间；

按上式计算得到终节点的最早开始时间是计划的总工期，即

$$ET_{(n)} = T \qquad (2\text{-}2\text{-}2)$$

式中　T——计划总工期；

　　　n——网络计划图中终节点的编号。

例 2-2-3　见图 2-2-18，计算节点最早时间 ET。

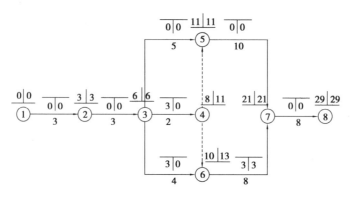

图 2-2-18　双代号网络图节点时间参数计算图

起始节点最早可能开始时间 $ET_{(1)} = 0$；

$ET_{(2)} = ET_{(1)} + t_{(1,2)} = 0+3 = 3$；

$ET_{(3)} = ET_{(2)} + t_{(2,3)} = 3+3 = 6$；

$ET_{(4)} = ET_{(3)} + t_{(3,4)} = 6+2 = 8$；

$ET_{(5)} = \max\{ET_{(3)} + t_{(3,5)}, ET_{(4)} + t_{(4,5)}\} = \max\{6+5, 8+0\} = 11$；

$ET_{(6)} = \max\{ET_{(3)} + t_{(3,6)}, ET_{(4)} + t_{(4,6)}\} = \max\{6+4, 8+0\} = 10$；

$ET_{(7)} = \max\{ET_{(5)} + t_{(5,7)}, ET_{(6)} + t_{(6,7)}\} = \max\{11+10, 10+8\} = 21$；

$ET_{(8)} = ET_{(7)} + t_{(7,8)} = 21+8 = 29$；

$ET_{(8)} = T = 29$，即计划工期为 29 d。

（二）节点最迟开始时间（LT）

1. 定义

节点的最迟开始时间表示节点开工不能迟于这个时间，若迟于这个时间，将会影响计划的总工期。

2. 计算方法

从结束节点开始，逆箭线方向，依次计算每一个节点，直至开始节点。终点节点的最迟时间一般就是计划工期，即该节点的最早时间，若另有规定就取规定工期，其他节点的最迟时间是紧后各节点的最迟时间分别与相应工作持续时间之差的最小值。计算公式为

$$LT_{(i)} = \min\{LT_{(j)} - t_{(i,j)}\} \quad (i = n-1, n-2, \cdots, 2, 1) \tag{2-2-3}$$

式中　$LT_{(j)}$——节点 j 的最迟开始时间;

　　　$LT_{(i)}$——节点 i 的最迟开始时间。

其他符号意义同前。

例 2-2-4　见图 2-2-18,计算节点最迟时间 LT。

终点节点⑧的最迟时间 $LT_{(8)} = ET_{(8)} = T = 29$;

$LT_{(7)} = LT_{(8)} - t_{(7,8)} = 29 - 8 = 21$;

$LT_{(6)} = LT_{(7)} - t_{(6,7)} = 21 - 8 = 13$;

$LT_{(5)} = LT_{(7)} - t_{(5,7)} = 21 - 10 = 11$;

$LT_{(4)} = \min\{LT_{(6)} - t_{(4,6)}, LT_{(5)} - t_{(4,5)}\} = \min\{13-0, 11-0\} = 11$;

$LT_{(3)} = \min\{LT_{(4)} - t_{(3,4)}, LT_{(5)} - t_{(3,5)}, LT_{(6)} - t_{(3,6)}\} = \min\{11-2, 11-5, 13-4\} = 6$;

$LT_{(2)} = LT_{(3)} - t_{(2,3)} = 6 - 3 = 3$;

$LT_{(1)} = LT_{(2)} - t_{(1,2)} = 3 - 3 = 0$。

(三)时差的计算(TF、FF)

进行时差计算主要是计算工作的总时差(TF)和自由时差(FF)。我们知道节点的最早可能开始时间表示该节点的紧前工作全部完成,其紧后工作最早可能开始的时间;节点的最迟时间表示该节点前各工作的开工不能迟于这个时间,如果迟于这个时间,就会影响计划工期,故可根据节点参数计算工作的总时差与自由时差。

其中:

$$TF_{(i,j)} = LT_{(j)} - ET_{(i)} - t_{(i,j)} \tag{2-2-4}$$

$$FF_{(i,j)} = ET_{(j)} - ET_{(i)} - t_{(i,j)} \tag{2-2-5}$$

仍以图 5-18 为例,计算其总时差与自由时差。

$TF_{(1,2)} = LT_{(2)} - ET_{(1)} - t_{(1,2)} = 3 - 0 - 3 = 0, FF_{(1,2)} = ET_{(2)} - ET_{(1)} - t_{(1,2)} = 3 - 0 - 3 = 0$;

$TF_{(2,3)} = LT_{(3)} - ET_{(2)} - t_{(2,3)} = 6 - 3 - 3 = 0, FF_{(2,3)} = ET_{(3)} - ET_{(2)} - t_{(2,3)} = 6 - 3 - 3 = 0$;

$TF_{(3,4)} = LT_{(4)} - ET_{(3)} - t_{(3,4)} = 11 - 6 - 2 = 3, FF_{(3,4)} = ET_{(4)} - ET_{(3)} - t_{(3,4)} = 8 - 6 - 2 = 0$;

$TF_{(3,5)} = LT_{(5)} - ET_{(3)} - t_{(3,5)} = 11 - 6 - 5 = 0, FF_{(3,5)} = ET_{(5)} - ET_{(3)} - t_{(3,5)} = 11 - 6 - 5 = 0$;

$TF_{(3,6)} = LT_{(6)} - ET_{(3)} - t_{(3,6)} = 13 - 6 - 4 = 3, FF_{(3,6)} = ET_{(6)} - ET_{(3)} - t_{(3,6)} = 10 - 6 - 4 = 0$;

$TF_{(5,7)} = LT_{(7)} - ET_{(5)} - t_{(5,7)} = 21 - 11 - 10 = 0, FF_{(5,7)} = ET_{(7)} - ET_{(5)} - t_{(5,7)} = 21 - 11 - 10 = 0$;

$TF_{(6,7)} = LT_{(7)} - ET_{(6)} - t_{(6,7)} = 21 - 10 - 8 = 3, FF_{(6,7)} = ET_{(7)} - ET_{(6)} - t_{(6,7)} = 21 - 10 - 8 = 3$;

$TF_{(7,8)} = LT_{(8)} - ET_{(7)} - t_{(7,8)} = 29 - 21 - 8 = 0, FF_{(7,8)} = ET_{(8)} - ET_{(7)} - t_{(7,8)} = 29 - 21 - 8 = 0$;

二、工作时间参数的计算

工作时间参数包括最早开始时间(ES)、最早完成时间(EF)、最迟完成时间(LF)、最迟开始时间(LS),此外还要计算工作的总时差(TF)和自由时差(FF)。是以双代号网络图中的工作为对象进行计算的。

(一)工作的最早开始时间(ES)

一项工作在具备一定工作条件和资源条件后,可以开始工作的最早时间。它要在紧前工作完成后才能开始。

在计算时,我们从起点开始,沿箭线方向逐项工作依次计算到终点。与起始节点相连的工作的最早可能开始时间 $ES=0$,其他工作的最早可能开始时间是紧前各工作的最早可能开始时间分别与相应工作的持续时间之和的最大值。

$$ES_{(i,j)} = \max\{ES_{(h,i)} + t_{(h,i)}\} \tag{2-2-6}$$

式中 $ES_{(h,i)}$——紧前工作最早可能开始时间;

      $t_{(h,i)}$——紧前工作持续时间。

如果用节点的时间参数计算工作的时间参数,那么工作(i,j)的最早开始时间等于这项工作箭尾节点(i)的最早开始时间,即

$$ES_{(i,j)} = ET_{(i)} \tag{2-2-7}$$

式中   符号意义同前。

(二)工作的最早完成时间(EF)

一项工作如能在最早开始时间开始,对应就有一个最早完成时间,它等于箭尾节点的最早开始时间加上工作(i,j)的持续时间,即

$$EF_{(i,j)} = ES_{(i,j)} + t_{(i,j)} = ET_{(i)} + t_{(i,j)} \tag{2-2-8}$$

式中   符号意义同前。

总工期为与终点节点相连的各工作的最早完成时间的最大值,$T = \max\{EF_{(j,n)}\}$。

(三)工作的最迟完成时间(LF)

工作的最迟完成时间指在不影响整个计划按期完成的条件下,本工作最迟必须完成的时刻,即它必须在紧后工作开始前完成。

在计算时,从终点节点开始逆箭线方向至起始节点止,与终点节点相连的各工作的最迟完成时间一般就是计划工期,若另有规定就取规定工期,其他工作的最迟完成时间是紧后各工作的最迟完成时间分别与相应工作的持续时间之差的最小值。

$$LF_{(h,i)} = \min\{LF_{(i,j)} - t_{(i,j)}\} \tag{2-2-9}$$

如果用节点的时间参数计算工作的时间参数,那么工作(i,j)的最迟完成时间等于这项工作箭头节点(j)的最迟时间,即

$$LF_{(i,j)} = LT_{(j)} \tag{2-2-10}$$

式中   符号意义同前。

(四)工作的最迟开始时间(LS)

工作的最迟开始时间指在不影响整个计划按期完成的条件下,本工作最迟必须开始的时刻,它等于工作最迟完成时间减去该工作的持续时间,即:

$$LS_{(i,j)} = LF_{(i,j)} - t_{(i,j)} \tag{2-2-11}$$

式中   符号意义同前。

三、工作的时差计算

(一)总时差(TF)

定义:在不影响任何一项紧后工作的最迟必须开始时间的条件下,本工作所拥有的最大机动时间。计算公式为:

$$TF_{(i,j)} = LS_{(i,j)} - ES_{(i,j)} = LF_{(i,j)} - EF_{(i,j)} \tag{2-2-12}$$

或
$$TF_{(i,j)} = LT_{(j)} - ET_{(i)} - t_{(i,j)} = LF_{(i,j)} - t_{(i,j)} - ES_{(i,j)} \qquad (2\text{-}2\text{-}13)$$

式中 符号意义同前。

总结:

①总时差等于0,其他时差也都等于0。

②总时差不但属于本工作,而且可以传递,为一条线路所共有。

③总时差最小的工作为关键工作,关键工作组成的线路为关键线路。

④总时差等于0,说明本工作没有机动时间,总时差大于0,说明本工作有机动时间,总时差小于0,说明计划工期超过了上级规定的工期,应进行调整。

(二)自由时差(FF)

定义:在不影响任何一项紧后工作的最早开始时间的情况下,本工作所拥有的最大机动时间。计算公式为

$$FF_{(i,j)} = ES_{(j,k)} - ES_{(i,j)} - t_{(i,j)} = ES_{(j,k)} - EF_{(i,j)} \qquad (2\text{-}2\text{-}14)$$

或
$$FF_{(i,j)} = ET_{(j)} - ET_{(i)} - t_{(i,j)} = ET_{(j)} - EF_{(i,j)} \qquad (2\text{-}2\text{-}15)$$

式中 $ES_{(j,k)}$——工作(i,j)的紧后工作的最早开始时间。

其他符号意义同前。

总结:

①自由时差属于本工作,不能传递。

②自由时差小于或等于总时差。

③使用自由时差对紧后工作没有影响。

四、时间参数的计算方法

(一)列式计算法

该方法是根据各项时间参数的计算公式,逐一计算的方法。

例2-2-5 用列式计算法计算图2-2-19所示网络计划的工作的时间参数。

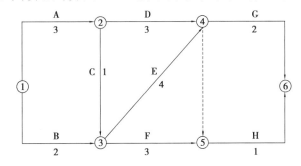

图2-2-19 双代号网络计划图

解:最早开始时间和最早完成时间:

$ES_{(1,2)} = ET_{(1)} = 0$ $EF_{(1,2)} = ES_{(1,2)} + t_{(1,2)} = 0 + 3 = 3$

$ES_{(1,3)} = ET_{(1)} = 0$ $EF_{(1,3)} = ES_{(1,3)} + t_{(1,3)} = 0 + 2 = 2$

$ES_{(2,3)} = ET_{(2)} = 3$ $EF_{(2,3)} = ES_{(2,3)} + t_{(2,3)} = 3 + 1 = 4$

$ES_{(2,4)} = ET_{(2)} = 3$ $EF_{(2,4)} = ES_{(2,4)} + t_{(2,4)} = 3 + 3 = 6$

$ES_{(3,4)} = ET_{(3)} = 4$ $EF_{(3,4)} = ES_{(3,4)} + t_{(3,4)} = 4 + 4 = 8$

$ES_{(3,5)} = ET_{(3)} = 4$ $\qquad EF_{(3,5)} = ES_{(3,5)} + t_{(3,5)} = 4+3 = 7$

$ES_{(4,5)} = ET_{(4)} = 8$ $\qquad EF_{(4,5)} = ES_{(4,5)} + t_{(4,5)} = 8+0 = 8$

$ES_{(4,6)} = ET_{(4)} = 8$ $\qquad EF_{(4,6)} = ES_{(4,6)} + t_{(4,6)} = 8+2 = 10$

$ES_{(5,6)} = ET_{(5)} = 8$ $\qquad EF_{(5,6)} = ES_{(5,6)} + t_{(5,6)} = 8+1 = 9$

$T = ET_{(6)} = 10$

最迟完成时间和最迟开始时间：

$LF_{(5,6)} = LT_{(6)} = 10$ $\qquad LS_{(5,6)} = LF_{(5,6)} - t_{(5,6)} = 10-1 = 9$

$LF_{(4,6)} = LT_{(6)} = 10$ $\qquad LS_{(4,6)} = LF_{(4,6)} - t_{(4,6)} = 10-2 = 8$

$LF_{(4,5)} = LT_{(5)} = 9$ $\qquad LS_{(4,5)} = LF_{(4,5)} - t_{(4,5)} = 9-0 = 9$

$LF_{(3,5)} = LT_{(5)} = 9$ $\qquad LS_{(3,5)} = LF_{(3,5)} - t_{(3,5)} = 9-3 = 6$

$LF_{(3,4)} = LT_{(4)} = 8$ $\qquad LS_{(3,4)} = LF_{(3,4)} - t_{(3,4)} = 8-4 = 4$

$LF_{(2,4)} = LT_{(4)} = 8$ $\qquad LS_{(2,4)} = LF_{(2,4)} - t_{(2,4)} = 8-3 = 5$

$LF_{(2,3)} = LT_{(3)} = 4$ $\qquad LS_{(2,3)} = LF_{(2,3)} - t_{(2,3)} = 4-1 = 3$

$LF_{(1,3)} = LT_{(3)} = 4$ $\qquad LS_{(1,3)} = LF_{(1,3)} - t_{(1,3)} = 4-2 = 2$

$LF_{(1,2)} = LT_{(2)} = 3$ $\qquad LS_{(1,2)} = LF_{(1,2)} - t_{(1,2)} = 3-3 = 0$

总时差和自由时差：

$TF_{(1,2)} = LS_{(1,2)} - ES_{(1,2)} = 0-0 = 0$ $\qquad FF_{(1,2)} = \min\{ES_{(2,3)}, ES_{(2,4)}\} - EF_{(1,2)} = 3-3 = 0$

$TF_{(1,3)} = LS_{(1,3)} - ES_{(1,3)} = 2-0 = 2$ $\qquad FF_{(1,3)} = \min\{ES_{(3,4)}, ES_{(3,5)}\} - EF_{(1,3)} = 4-2 = 2$

$TF_{(2,3)} = LS_{(2,3)} - ES_{(2,3)} = 3-3 = 0$ $\qquad FF_{(2,3)} = \min\{ES_{(3,4)}, ES_{(3,5)}\} - EF_{(2,3)} = 4-4 = 0$

$TF_{(2,4)} = LS_{(2,4)} - ES_{(2,4)} = 5-3 = 2$ $\qquad FF_{(2,4)} = \min\{ES_{(4,5)}, ES_{(4,6)}\} - EF_{(2,4)} = 8-6 = 2$

$TF_{(3,4)} = LS_{(3,4)} - ES_{(3,4)} = 4-4 = 0$ $\qquad FF_{(3,4)} = \min\{ES_{(4,5)}, ES_{(4,6)}\} - EF_{(3,4)} = 8-8 = 0$

$TF_{(3,5)} = LS_{(3,5)} - ES_{(3,5)} = 6-4 = 2$

$FF_{(3,5)} = ES_{(5,6)} - EF_{(3,5)} = 8-7 = 1$

$TF_{(4,5)} = LS_{(4,5)} - ES_{(4,5)} = 9-8 = 1$

$FF_{(4,5)} = ES_{(5,6)} - EF_{(4,5)} = 8-8 = 0$

$TF_{(4,6)} = LS_{(4,6)} - ES_{(4,6)} = 8-8 = 0$

$FF_{(4,6)} = T - EF_{(4,6)} = 10-10 = 0$

$TF_{(5,6)} = LS_{(5,6)} - ES_{(5,6)} = 9-8 = 1$

$FF_{(5,6)} = T - EF_{(5,6)} = 10-9 = 1$

（二）图上计算法

图上计算法是根据各时间参数计算公式直接在网络计划图上计算各时间参数的方法。这种方法无须列式计算，简洁而不易出错，便于检查和修改，故较常用，表示方法如图 2-2-20 所示。

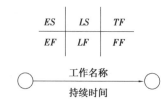

图 2-2-20　图上计算法表示方法

上例用图上计算法计算,如图 2-2-21 所示。

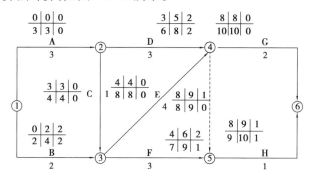

图 2-2-21　图上计算法计算双代号网络计划图

五、关键线路及其确定

计算网络图时间参数的目的之一是找出关键线路,从而使管理人员抓住主要矛盾,以便合理地调配人力和物资资源,避免盲目赶工,使工程按照计划安排有条不紊地进行。为了找出关键线路,首先要了解线路与关键线路等基本概念。

(一)线路

所谓线路是指网络计划图中顺箭线方向由开始节点至结束节点的一系列节点箭线组成的通路。在一个网络计划图中,存在着多条线路,也可能只有一条线路,一条线路中包含着若干项工作。

(二)线路长度

线路中包含的各项工作的持续时间之和就是这条线路的线路长度,也就是线路的总持续时间。

(三)关键线路

网络图中各条线路所包含的工作是不相同的,因此各条线路的线路长度也是不相同的,我们把长度最长的线路称为关键线路。在关键线路中,没有任何机动时间,线路上任何工作的持续时间发生变化都会影响到工期,是按期完成计划任务的关键所在。如图 2-2-19 中,关键线路为①→②→③→④→⑥。

(四)关键工作

关键线路上的各项工作都是关键工作。

(五)非关键线路

在一个网络图中,关键线路以外的线路都是非关键线路。非关键线路上都存在着时差。非关键线路包含的若干项工作并非全部是非关键工作,其中存在时差的工作是非关键工作。在任何线路中,只要有一个非关键工作存在,它的总长度就会小于关键线路,它就是非关键线路。如例 2-2-4 中,①→②→③→⑤→⑥就是非关键线路。

(六)关键线路的确定

确定关键线路的方法很多,如线路枚举法、关键工作法、关键节点法。

1. 线路枚举法

在网络计划图中,找出其包含的所有线路,并算出线路长度,通过最长的线路找出关键线路。

如在图 2-2-19 中,存在的线路共有 5 条:1—2—4—6,线路长度为 8 d;1—2—3—4—6,线路长度为 10 d;1—2—3—5—6,线路长度为 8 d;1—3—5—6,线路长度为 6 d;1—3—4—6,线路长度为 8 d。因此,可以判断出图 2-2-19 网络计划的关键线路为 1—2—3—4—6,总工期为 10 d。

2. 关键工作法

依次连接网络图中总时差最小的工作,使其组成一条由起始节点至终点节点的通路,此通路就是关键线路。

仍以图 2-2-19 为例,图 2-2-21 中计算出了图 2-2-19 中各线路的总时差,总时差最小值是为 0 的工作,依次找出关键工作,A、C、E、G,组成的通路为 1—2—3—4—6 就是关键线路。

3. 关键节点法

计算出双代号网络计划图节点参数后,就可以通过关键节点法找出关键线路。当节点的最早时间与最迟时间相等时,此节点就是关键节点,但相邻关键节点间连接的工作不一定都是关键工作,尤其是一个关键节点遇到与多个关键节点相连而可能出现多条线路时,所以必须加以辨认。

两个关键节点间为关键工作的条件是:箭尾节点时间+工作持续时间=箭头节点时间,关键工作确定后,关键线路就确定了。

①总时差最小的工作所组成的线路是关键线路。

②关键线路上所有节点的两个时间参数相等。

4. 关键线路的性质

①关键线路在网络图中不一定只有一条。

②如果总时差为零,其他时差也一定为零。

③关键线路与非关键线路并不是固定不变的,当非关键线路的总时差用完,就会转化为关键线路;当非关键线路延长的时间超过它的总时差,关键线路就转变为非关键线路。

任务四　双代号时间坐标网络计划

📖 任务描述

结合横道图的优点,绘制时间坐标双代号网络计划图,以便进行时间和资源优化。

📖 问题思考

根据表 2-2-7,按节点最早时间和节点最迟时间绘制时间坐标网络计划图。

表 2-2-7　某工程工作关系表

工作名称	A	B	C	D	E	F	G	H	I
紧前工作	—	A	A	C	B、C	B	D、E	E、F	G、H
持续时间	2	5	1	2	3	2	3	2	1

📖 相关知识

一、双代号时间坐标网络计划的概念

前面讨论的网络计划是一般网络计划,在一般网络计划中,工作的工期(工作的持续时间)在箭线下方标出,各项工作的开始时间和结束时间不能直接看出来,不能反映整个计划的时间进程。

时间坐标网络计划,简称时标网络计划,是在一般网络计划的上方或下方增加一个时间坐标,箭线的长短表示该工作的工期,是网络计划的另一种表达形式。它克服了一般网络计划的缺点,使网络计划更易于理解,对施工组织管理和计划调整使用更方便。

二、时间坐标网络计划的绘制

时间坐标网络计划图可以按节点最早时间、节点最迟时间绘制。

(一)按节点最早时间标绘制时标网络

如图 2-2-22 所示的一般网络计划图为例,按节点最早时间把它标画成时标网络计划图。

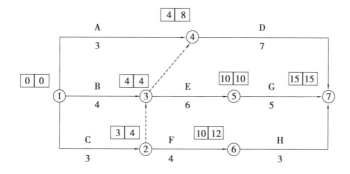

图 2-2-22　双代号网络计划图

具体步骤如下:

①先计算各节点的时间参数,并找出关键线路,作为绘制时标网络计划的基础依据。

②按计划工期画出时间坐标,按节点最早时间画出关键线路,如图 2-2-23 所示。

③按节点最早时间标画出非关键线路。

标画时应注意:

①所有节点,按节点最早时间画在相应的坐标处,节点的纵向位置没有时间含义。

②由起始节点开始,顺着节点编号从小到大方向连接相关节点,工作用实箭线表示,箭线的长度表示工作持续时间的长短。

③虚工作仍用虚箭线表示。

④机动时间用虚线表示,补在实箭线的右侧,并在实箭线与虚线分界处加一个截止短线。

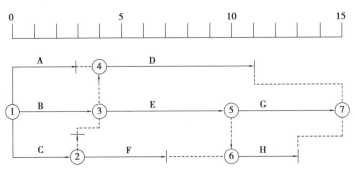

图 2-2-23　按节点最早时间绘制的时标网络计划图

(二)按节点最迟时间绘制时标网络计划图

仍以图 2-2-22 为例来按节点最迟时间绘制时标网络计划图。

具体步骤如下:

①先计算各节点的时间参数,并找出关键线路,作为绘制时标网络计划的基础依据。

②按计划工期画出时间坐标,按节点最迟时间画出关键线路,如图 2-2-24 所示。

③按节点最迟时间标画出非关键线路。

标画时应注意:

①所有节点,按节点最迟时间画在相应的坐标处,节点的纵向位置没有时间含义。

②由终点节点开始,逆着节点编号方向连接相关节点,工作用实箭线表示,箭线的长度表示工作持续时间的长短。

③虚工作仍用虚箭线表示。

④机动时间用虚线表示,补在实箭线的左侧,并在实箭线与虚线分界处加一个截止短线,如图 2-2-24 所示。

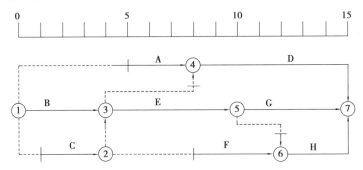

图 2-2-24　按节点最迟时间绘制的时标网络计划图

三、时间坐标网络计划的特点和应用

(一)时标网络计划的特点

1. 优点

①时标网络图与横道图比较接近,能直观地反映整个网络计划的时间进程。

②时标网络计划图能直接反映出各项工作的开始和结束时间,根据机动时间及关键线路在计划执行过程中可以随时确定哪些工作应该已经完成,哪些工作正在进行及哪些工作将要开始,如果实际执行过程中偏离了计划,应及时调整。

③可用于资源优化,时标网络计划图进行逐日资源平衡调整显得尤其方便。

2.缺点

①时标网络计划图箭线的长度反映了工作时间长短,工作长箭线就长,图就长,绘图和看图指导施工造成不便,因此,一般在指导分项、分部工程施工时用得较多。

②时标网络计划的调整比较烦琐,当情况发生变化时,有时移动局部几项工作就能牵动整个网络计划的改变。

③时标网络计划图在画图前仍需编制双代号网络计划图,计算出最早或最迟时间,增加了工作量。

(二)时标网络计划的应用

①对工作项目少或工艺过程较简单的施工进度计划,利用时标网络计划图能迅速方便地边绘制、边计算、边调整。

②对于大型复杂的工程,可以先用时标网络计划图的形式绘制各分部工程或分项工程的网络计划图,然后再综合起来绘制出比较简单的总网络计划,即把每一个分部工程或分项工程的网络计划图看作总网络计划图的一个工作(形成子网络图)。在执行过程中,如果有偏差或其他原因等需要调整计划,只需调整子网络计划,而不必改动总网络计划。

③在时间坐标的表示上,根据网络图的层次,时间的刻画每一小格可以是 1 天、1 个月、1个季度或 1 年。在时间安排时,应考虑节假日和雨季期的影响,要留有调整余地。

任务五　单代号网络计划图

📖 任务描述

认识单代号网络计划图,掌握单代号网络计划构成要素和表示方法,绘制双代号网络计划图。

📖 问题思考

根据表 2-2-8 绘制单代号网络计划图。

表 2-2-8　某工程工作关系表

工作代号	A	B	C	D	E	F	G	H	I	J
紧前工作	—	—	A	A	A、B	B	C	C、D、E	F	G、H

📖 相关知识

单代号网络计划图是用节点表示工作、箭线表示工作之间关系的一种网络计划图。

一、单代号网络计划图的构成

单代号网络计划图与双代号网络计划图一样,也由三要素组成,但含义却完全不相同,如图 2-2-25 所示。

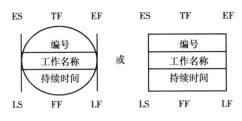

图 2-2-25　单代号网络图节点

(一)节点

单代号网络计划图中的节点可以用圆圈或方框表示,一个节点表现一项具体的工作。节点所表示的工作的名称(或工作的代号)、工作的持续时间节点的编号一般都标注在圆圈内。

计算所得的时间参数一般标注在节点的外侧。

(二)箭线

在单代号网络计划图中,箭线表示工作之间的相互关系,它既不消耗时间,也不消耗资源。

单代号网络计划图中不用虚箭线,箭线的箭头方向表示工作的前进方向。

(三)代号

在单代号网络计划图中,一项工作只能有一个代号,不能重复。箭头节点的编号应大于箭尾节点的编号。

二、单代号网络计划图的绘制

单代号网络计划图与双代号网络计划图所表达的计划内容是一致的,两者的区别仅在于绘图的符合所表示的意义不同。单代号网络计划图的绘制过程与双代号网络计划图的绘制过程一样,也是先将工程任务分解成若干项具体的工作,然后确定这些工作之间的相互关系以及各项工作的持续时间。

(一)绘制单代号网络计划图的基本规则

双代号网络计划图所列出的基本规则,在单代号网络计划图中原则上都应遵守。

在单代号网络计划图中,若有几个工作同时开始,应引入一个"始"节点;若有几个工作同时结束,应引入一个"终"节点。引入的"始"节点和"终"节点都是虚拟的节点,它们不消耗时间和资源。

(二)单代号网络计划图中工序之间逻辑关系的表示方法

由于单代号网络计划图中没有虚箭线,所以,各工序之间的逻辑关系表示方法比较简单,其逻辑关系仍然是根据施工工艺和施工顺序来确定。用单代号网络计划图表示的工序之间的各种逻辑关系见表 2-2-9。

表 2-2-9　单代号网络计划图工序逻辑关系表示方法

序号	描述	图示
1	A 工序完成后进行 B 工序	
2	B、C 工序完成后进行 D 工序	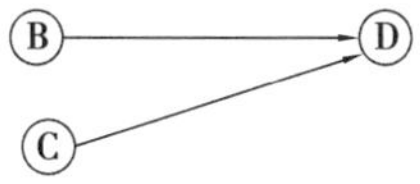
3	B 工序完成后,C、D 工序可以同时开始	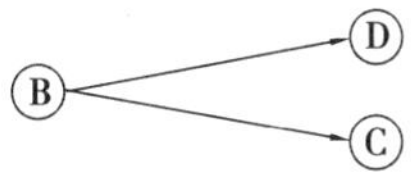
4	A 工序完成后,进行 D 工序,B 工序完成后,可以同时进行 C、D 工序	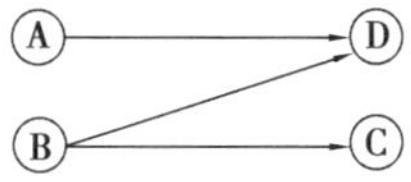
5	A、B 工序完成后,可以同时进行 D、C 工序,A、B 有共同的紧后工序 D、C	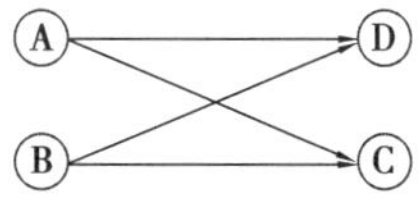
6	A 工序完成后,进行 D、C 工序,B 工序完成后,进行 C、E 工序,A、B 有共同的紧后工序 C	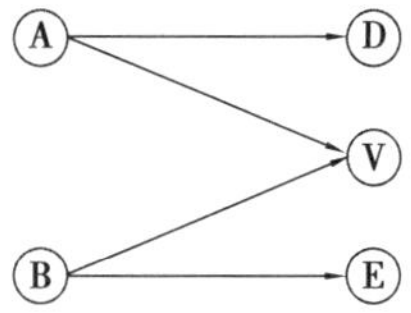

(三)单代号网络计划图的绘制

单代号网络计划图的绘制步骤与双代号网络计划图的绘制步骤基本相同,主要包括两部分:

①根据工程计划中各工序在工艺上、组织上的逻辑关系列出工序一览表即各工序的紧前工序、紧后工序名称。

②根据上述工序之间的逻辑关系绘制单代号网络计划图:首先绘制草图;其次对一些不必要的交叉进行整理,绘出简化网络计划图;最后对绘出的简化网络计划图进行整理并编号,其编号原则与双代号网络计划图相同。

例 2-2-6　绘制如表 2-2-10 所示工作关系的单代号网络计划图。

表 2-2-10　某工程工作关系表

工作代号	A	B	C	D	E	F
紧后工作	D、E、F	D、F	E、F	—	—	—

解:根据上表中的工作关系,绘制的单代号网络计划图如图 2-2-26 所示。

总结:

①单代号网络图的绘制比较简单,其各项工作之间的相互关系容易表达。

②单代号网络图的绘制不用虚箭线,便于检查和修改。

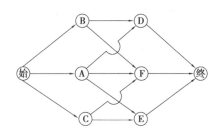

图 2-2-26　单代号网络计划图

③需要常用"暗桥法"解决交叉问题。

④由于单代号网络图无节点时间参数,所以不能改画成时标网络图。

三、单网络计划图的时间参数计算

单代号网络计划图的时间参数只有工作时间参数,包括工作的最早开始时间 ES、最早结束时间 EF、最迟开始时间 LS、最迟结束时间 LF,以及总时差 TF、自由时差 FF。时间参数的含义、计算目的、计算方法、步骤和公式与双代号网络计划图基本相同。

(一)工作的最早时间参数

1. 工作的最早可能开始时间 ES_i

①定义:表示该工作的所有紧前工作都已完成,本工作可以开工。

②计算方法:从开始节点起,沿箭线方向,依次计算每一个节点时,只看内向箭线,取所有紧前工作中最早结束时间最短者,作为该工作最早可能开始时间 ES_i,直至结束节点。

$$ES_i = \max\{ES_{i-1}+t_{i-1}\} = \max\{EF_{i-1}\} \quad (j=2,3,4,\cdots,n-1,n) \qquad (2\text{-}2\text{-}16)$$

③规定:开始节点最早可能开始时间为零。

$$ES_1 = 0$$

2. 工作的最早可能结束时间 EF_i

$$EF_i = ES_i + t_i \quad (i=1,2,3,\cdots,n) \qquad (2\text{-}2\text{-}17)$$

式中　EF_i——工作 i 的最早可能结束时间;

　　　ES_i——工作 i 的最早可能开始时间;

　　　t_i——工作 i 的持续时间;

　　　n——网络计划图中终点节点的编号。

网络计划的计算工期等于其终节点所代表的工序的最早可能结束时间,即

$$T_{计算} = EF_n \qquad (2\text{-}2\text{-}18)$$

式中　EF_n——终点节点 n 的最早可能结束时间。

(二)相邻两道工序之间的时间间隔

相邻两道工序之间的时间间隔是指其紧后工序的最早开始时间与本工序的最早结束时间之间的差值,即:

$$LAG_{i,j} = ES_j - EF_i \qquad (2\text{-}2\text{-}19)$$

式中　$LAG_{i,j}$——工作 i 与其紧后工作 j 之间的时间间隔;

　　　ES_j——工作 j 的最早可能开始时间;

　　　EF_i——工作 i 的最早可能结束时间。

(三)工作的最迟时间参数

1. 工作的最迟必须结束时间 LF_i

①规定:工作最迟必须结束时间和最迟可能开始时间的计算应从网络计划图的终点节点开始,逆着箭线方向按节点编号由大到小的顺序依次逐个计算。结束节点最迟必须结束时间等于结束节点的最早可能结束时间,$LF_n = EF_n$,则节点的最迟可能开始时间为:$LS_n = LF_n - t_n$。

②计算方法:从结束节点开始,逆箭线方向,依次计算每一个节点时,只看外向箭线,取所有紧后工作中,最迟必须开始时间的最小者,作为该工作的最迟必须结束时间,直至开始节点。

$$LF_i = \min\{LF_j - t_j\}\min\{LS_j\} \quad (i = n-1, n-2, \cdots, 3, 2, 1; j = i+1) \quad (2\text{-}2\text{-}20)$$

2. 工作的最迟必须开始时间 LS_i

工作的最迟必须开始时间表示该工作开工不能迟于这个时间,若迟于这个时间,将会影响计划的总工期。

$$LS_i = LF_i - t_i \quad (i = n, n-1, \cdots, 3, 2, 1) \quad (2\text{-}2\text{-}21)$$

式中　LS_i——工作 i 的最迟可能开始时间;

　　　LF_i——工作 i 的最迟可能结束时间;

　　　t_i——工作 i 的持续时间;

　　　n——网络计划图中终点节点的编号。

(四)工作的时差计算

1. 总时差 TF_i

在单代号网络计划图中工序总时差的概念与双代号网络计划图完全相同。工序的总时差应从终点节点开始,逆箭线方向按节点编号从大到小依次计算。

①网络计划终点节点的工序总时差等于计划工期与计算工期之差,即

$$TF_n = T_{计划} - T_{计算} \quad (2\text{-}2\text{-}22)$$

式中　TF_n——网络终节点 n 的工序总时差。

②其他工序的总时差等于本工序与其各紧后工序之间的时间间隔加上该紧后工序的总时差之和的最小值,即

$$TF_i = \min\{LAG_{i,j} + TF_j\} \quad (2\text{-}2\text{-}23)$$

式中　TF_i——工序 i 的总时差;

　　　$LAG_{i,j}$——工序 i 与其紧后工序 j 之间的时间间隔;

　　　TF_j——工序 i 的紧后工序 j 的总时差。

③工序的总时差也可以根据各道工序的最早、最迟可能开始和结束时间来计算:

$$TF_i = LF_i - ES_i - D_i = LF_i - EF_i = LS_i - ES_i \quad (2\text{-}2\text{-}24)$$

2. 自由时差 FF_i

工序自由时差的概念与双代号网络计划图中工序自由时差的概念完全相同。其计算过程如下:

①网络计划终点节点的工序自由时差等于计划工期与本工序的最早完成时间之差,即:

$$FF_n = T_{计划} - EF_n \quad (2\text{-}2\text{-}25)$$

式中　FF_n——终点节点 n 的工序的自由时差;

　　　$T_{计划}$——单代号网络计划的计划工期;

　　　EF_n——终点节点 n 所代表的工序的最早可能结束时间。

②其他工序在自由时差等于本工序与其紧后工序之间的时间间隔的最小值,即

$$FF_i = \min\{LAG_{i,j}\} \tag{2-2-26}$$

式中　FF_i——工序 i 的自由时差。

其他符号意义同上。

③工序的自由时差可以根据工序的最早可能开始时间来计算:

$$FF_i = \min\{ES_j\} - ES_i - t_i = \min\{ES_j\} - EF_i \tag{2-2-27}$$

式中　ES_j——工序 i 的紧后工序 i 的最早可能开始时间。

其他符号意义同前。

(五)关键工序和关键线路的确定

单代号网络计划图中确定关键线路的方法与双代号网络计划图基本相同,只是由于没有节点时间参数,所以不能用节点时间参数均相等这种方法来判别关键线路。

工序总时差最小的工序为关键工序。将总时差最小的关键工序相连,并保证相邻两关键工序之间的时间间隔为零而构成的线路就是关键线路。

从网络计划的终点节点开始,逆着箭线方向依次找出相连两项工序之间时间间隔为零的线路就是关键线路。

在肯定型网络计划中,工序总持续时间最长的线路为关键线路。

例 2-2-7　绘制如表 2-2-11 所示的工作关系的单代号网络计划图,并计算时间参数,确定关键线路。

表 2-2-11　某工程工作关系表

工作代号	A	B	C	D	E	G
紧后工作	B、C	D、E	E	G	G	—
持续时间						

①根据单代号网络计划图绘制原则,绘图如图 2-2-27 所示。

②根据单代号网络计划图时间参数的计算公式,计算各个节点的时间参数,如图 2-2-28 所示。

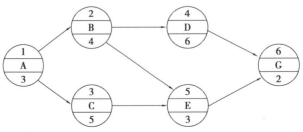

图 2-2-27　单代号网络计划图

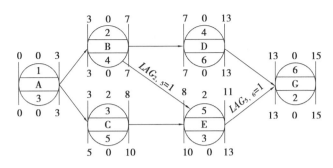

图 2-2-28　单代号网络时间参数计算

工序 A、B、D、G 为关键工序，Ⓐ→Ⓑ→Ⓓ→Ⓖ为关键线路。

任务六　网络计划的优化与调整

📖 任务描述

利用工作的机动时间对网络计划进行优化，能够按工期最短、费用最低、资源利用最好的目标对网络计划进行调整。

📖 问题思考

绘制表 2-2-12 所示的双代号网络计划图，确定 $T=40$ 时的优化措施并绘制工序最早开始时间时标网络计划图。

表 2-2-12　某工程流水节拍表

工序代号	①—③ A	①—③ B	②—③ C	②—④ D	③—④ E	③—⑤ F	④—⑤ G
正常时间	20	25	10	12	5	15	10
极限时间	17	25	8	6	4	13	5

📖 相关知识

网络计划的优化是指在一定约束条件下，利用时差平衡时间、资源和费用之间的关系，按优化目标对网络计划进行不断改进，以寻求满意方案的过程。网络计划的优化目标应按计划的需要和条件选定，包括工期目标、费用目标和资源目标。根据优化目标的不同，网络计划的优化分为工期优化、费用优化、资源优化 3 种。

一、工期优化

在网络计划中，关键线路控制着施工任务的总工期，当计划的总工期超过了上级要求的总工期时，必须从关键线路着手优化。缩短关键线路的方法有：(1)优化原来的组织计划；

（2）压缩关键工作的持续时间。

（一）优化原来的组织计划

1. 将顺序工作调整为平行工作（图 2-2-29）

A、B、C 工作为顺序作业，工期为 30 d，将 B、C 工作调整为平行作业，工期为 20 d，缩短了工期。

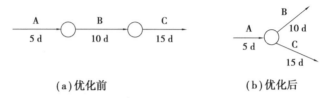

（a）优化前　　　　　　　　（b）优化后

图 2-2-29　平行优化

2. 将顺序工作调整为流水工作

准备工作、路基施工、铺轨施工顺序作业，工期为 39 d，如图 2-2-30（a）所示，将工程项目分为 3 个施工段进行流水作业，工作关系见表 2-2-13，绘制双代号网络图 2-2-30（b），工期为 25 d，缩短了工期。

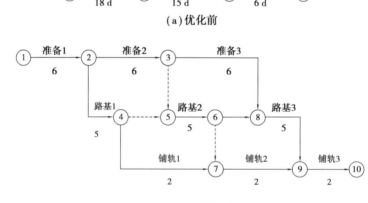

（a）优化前

（b）优化后

图 2-2-30　流水作业

表 2-2-13　工作关系

工作	准备 1	准备 2	准备 3	路基 1	路基 2	路基 3	铺轨 1	铺轨 2	铺轨 3
紧前工作		准备 1	准备 2	准备 1	准备 2、路基 1	准备 3、路基 2	路基 1	路基 2、铺轨 1	路基 3、铺轨 2
持续时间	6	6	6	5	5	5	2	2	2

3. 延长非关键工作的持续时间

如图 2-2-31（a）中所示，计划工期 25 d，而上级要求工期 23 d，在工作工艺关系不变的前提下，可以将 C、D 工作中的人员抽调一部分加入到 B 工作中，延长了 C、D 工作的持续时间，缩短了 B 工作的持续时间,这样关键线路发生了变化,但是满足了上级对工期的要求,如图 2-2-31(b)所示。

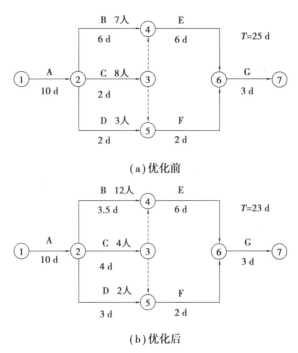

(a)优化前

(b)优化后

图 2-2-31 延长非关键工作持续时间优化

4. 推迟非关键工作的开始

如图 2-2-31(a)中所示,计划工期 25 d,而上级要求工期 23 d,在工作面允许的情况下,可以推迟 C 工作的开工时间,把 C 工作的所有人员补充到 B 工作中,这样 B 工作的工期就减少为 4 d,B 工作完成后再进行 C 工作,这样关键线路发生了变化,同时也满足了上级的要求(图 2-2-32)。

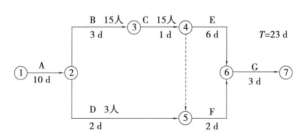

图 2-2-32 推迟非关键工作开始时间优化

(二)压缩关键工作的持续时间

在工作面允许、资源充足的情况下,通过从计划外增加资源,压缩关键工作的持续时间,以达到缩短工期的目的。需要注意的是,在压缩关键线路的同时,会使某些时差较小的次关键线路上升为关键线路,这时需要再次压缩新的关键线路,如此逐渐逼近,直到达到规定工期为止。如图 2-2-33(a)所示,计划工期 55 d,而上级要求工期 45 d。

第一步,计算并找出网络计划的关键线路及关键工作。如图 2-2-33(a)所示,关键线路为①→②→③→④→⑥,关键工作为 A、C、E、G。

A 工作压缩 3 d,E 工作压缩 5 d,G 工作压缩 2 d,这样原关键线路工期变为 45 d,达到上级要求。但同时非关键线路①→②→③→⑤→⑥转化为关键线路,总工期变为 50 d,仍没有达到上级要求,如图 2-2-33(b)所示。

第二步,H 工作压缩 5 d,这样与原关键线路同时成为关键线路,即网络图产生了两条关键线路,总工期均为 45 d,达到了上级要求,如图 2-2-33(c)所示。

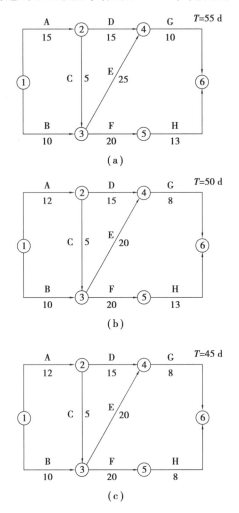

图 2-2-33 压缩非关键工作开始时间优化

二、时间—费用优化

前面所讨论的工期优化,没有考虑费用问题。事实上,要想缩短工期,一般都需要增加劳动力或加班加点或增加其他资源,而这些都会引起费用增加,因此费用与工期有着密切的关系。城市轨道交通工程项目的总费用包括直接费用和间接费用。直接费用是指完成工程所需的人工、材料、机械等费用;间接费用包括管理费用、福利、利息和一切不便于计入直接费用的其他附加费用。直接费用随着工期的缩短而增加,间接费用则随着工期的缩短而减少。因此,对于一个工程项目来说,就有一个时间——费用的优化问题。

时间—费用优化的基本步骤为：

①按正常时间绘制网络图，并计算计划工期和关键线路。

②列出构成整个计划的各项工作在正常工期时的直接费用，以及直接费用率，计算工程总费用。

③根据费用最小原则，找出关键工作中直接费用率最小的工作首先压缩，当有多条关键线路时，找出组合直接费用率最小的工作组合压缩。

压缩关键工作的持续时间时，其缩短值必须符合下列两条原则：

·缩短后的工作的持续时间不能小于最短持续时间；

·缩短关键工作的持续时间不能变为非关键工作。

④计划的总工期和总费用，并重新确定关键线路。

⑤重复(3)和(4)的内容，直至工程总费用最小。

例 2-2-8　已知某工程双代号网络计划如图 2-2-34 所示，各工作的费用见表 2-2-14，该工程的其他费用率为 0.8 万元/d，试对其进行费用优化。

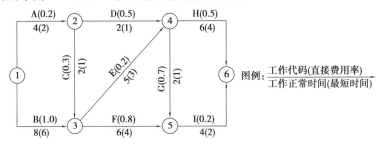

图 2-2-34　某工程双代号网络计划

表 2-2-14　各工作的费用

工作代码	A	B	C	D	E	F	G	H	I
正常工作时间的费用/万元	7.0	9.0	5.7	5.5	8.0	8.0	5.0	7.5	6.5

解：

1. 计算工期和关键线路

根据各工作的正常持续时间，用节点标号法确定网络计划的计算工期和关键线路，如图 2-2-35 所示，关键线路为①—③—④—⑥和①—③—④—⑤—⑥，关键工作为 B、E、G、H、I。

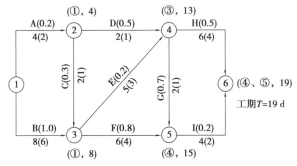

图 2-2-35　节点标号法计算图

2. 计算工程总费用

①直接费用总和:$C_d = 7.0 + 9.0 + 5.7 + 5.5 + 8.0 + 8.0 + 5.0 + 7.5 + 6.5 = 62.2(万元)$。

②其他费用总和:$C_i = 0.8 \times 19 = 15.2(万元)$。

③工程总费用:$C_t = C_d + C_i = 62.2 + 15.2 = 77.4(万元)$。

3. 压缩关键工作进行费用优化

（1）第一次压缩

可压缩关键线路上的工作 B、E、H 和 G 组合、H 和 I 组合,各压缩方案对应的直接费用率和费率差见表 2-2-15。

表 2-2-15　直接费用率和费用率差

压缩工作	B	E	H、G	H、I
直接费用率/(万元·d⁻¹)	1.0	0.2	1.2	0.7
费用率差/(万元·d⁻¹)	0.2	−0.6	0.4	−0.1

注:费用率差是指工作的直接费用率与工程其他费用率之差,即工期缩短单位时
　　间时工程总费用增加的部分。

压缩工作 E 的直接费用率最小,而且小于工程其他费用率,选择压缩工作 E 可以降低总费用,将工作 E 的持续时间压缩至 3 d,如图 2-2-36 所示。

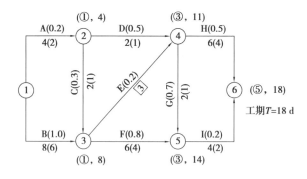

图 2-2-36　节点标号法计算图

E 工作压缩了 2 d,工期仅缩短了 1 d,关键线路发生改变,重新压缩。将工作 E 的持续时间压缩至 4 d,如图 2-2-37 所示。

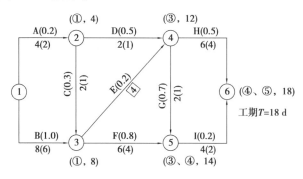

图 2-2-37　节点标号计算图

这次压缩后出现了 3 条关键线路,关键线路①—③—④—⑥、①—③—④—⑤—⑥、①—③—⑤—⑥。

（2）第二次压缩

3 条关键线路,可压缩关键线路上的工作 B、E 和 F 组合、E 和 I 组合、F 和 H 以及 G 组合、H 和 I 组合,各压缩方案对应的直接费用率和费率差见表 2-2-16。

表 2-2-16　直接费用率和费率差

压缩工作	B	E、F	E、I	F、H、G	H、I
直接费用率/（万元·d^{-1}）	1.0	1.0	0.4	2.0	0.7
费用率差/（万元·d^{-1}）	0.2	0.2	−0.4	1.2	−0.1

压缩工作 E、I 的组合直接费用率最小,而且小于工程其他费用率,选择压缩工作 E、I 可以降低总费用,将工作 E、I 的持续时间共同压缩 1 d,E 工作压缩至最小值 3 d,I 工作压缩至 3 d,如图 2-2-38 所示。

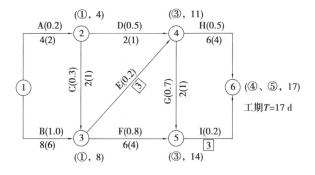

图 2-2-38　节点标号法计算图

第二次压缩后关键线路变为 2 条,关键线路为①—③—④—⑥和①—③—⑤—⑥。

（3）第三次压缩

可压缩关键线路上的工作 B、H 和 F 组合、H 和 I 组合,各压缩方案对应的直接费用率和费率差见表 2-2-17。

表 2-2-17　直接费用率和费用率差

压缩工作	B	H、F	H、I
直接费用率/（万元·d^{-1}）	1.0	1.3	0.7
费用率差/（万元·d^{-1}）	0.2	0.5	−0.1

压缩工作 H、I 的组合直接费用率最小,而且小于工程其他费用率,选择压缩工作 H、I 可以降低总费用。将工作 H、I 的持续时间共同压缩 1 d,I 工作压缩至最小值 2 d,H 工作压缩至 5 d,如图 2-2-39 所示。

第三次压缩后关键线路仍为 2 条。此处压缩后只剩下两种压缩方案,见表 2-2-18,压缩工作 B 和压缩工作 H、F 的组合,但是其直接费用率大于工程其他费用率,不能继续压缩,已得到最优方案。

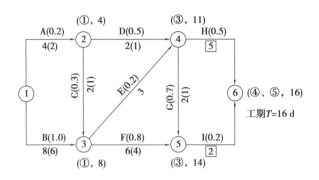

图 2-2-39　节点标号法计算图

表 2-2-18　直接费用率和费用率差

压缩工作	B	H、F
直接费用率/（万元·d⁻¹）	1.0	1.3
费用率差/（万元·d⁻¹）	0.2	0.5

至此,E 工作压缩了 2 d,I 工作压缩了 2 d,H 工作压缩了 1 d,总工期缩短了 3 d。

4.计算优化后的工程总费用

①直接费用增加:$2×0.2+2×0.2+0.5=1.3$(万元)。

②工程其他费用减少:$3×0.8=2.4$(万元)。

③工程总费用:$C_t = 77.4+1.3-2.4=76.3$(万元)。

工程总费用减少:$77.4-76.3=1.1$(万元)。

三、资源优化

这里所说的资源包括人力、材料、机械设备等。如果工作进度安排不恰当,就会在计划的某些阶段出现对资源需求的"高峰",而在另一些阶段出现对资源需求的"低谷"。这种资源的不平衡,会造成资源供应不足或资源供应过剩,同时也会给工程组织和管理带来许多麻烦。资源优化的目的是解决这些问题。下面介绍两种资源优化的情况:

(一)规定工期的资源均衡

在工期限定的情况下,当对资源的需求出现"高峰"时,我们通常对非关键工作进行调整,以使资源尽量达到均衡,调整的方法有以下 3 种:

①利用时差,推迟某些工作的开始时间,推迟规则为:①优先推迟资源强度小的工作(资源强度是指单位时间内的资源需要量);②当有几项工作的资源强度相同时,优先推迟机动时间大的工作。

②在条件允许的情况下,可在资源需求量超限的时段内中断某些工作,以减少对资源的需要量。

例 2-2-9　某工程网络计划如图 2-2-40 所示,箭线上方为工作的资源强度,下方为持续时间。试进行"工期固定,资源均衡优化"。

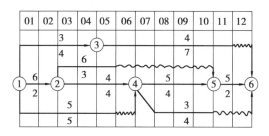

图 2-2-40 时标网络计划图

解：

①计算并绘制资源需用量动态曲线，如图 2-2-41 所示。

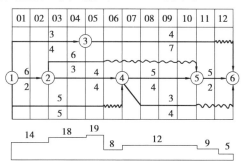

图 2-2-41 资源需用量动态曲线

工期 12 d，资源需用量平均值：

$$R_{m} = \frac{(2 \times 14 + 2 \times 18 + 19 + 8 + 4 \times 12 + 2 \times 5)}{12} = 12.42$$

②节点 6 为结束节点的工作调整。

以终点节点 6 为结束节点的非关键工作有工作 3—6 和 4—6，先调整开始时间晚的工作 4—6。工作 4—6 可右移 2 个时间单位，时差用完。工作 4—6 调整后的网络计划和资源需用量动态曲线如图 2-2-42 所示。

调整工作 3—6，该工作时差 1，右移一个时间单位。调整后的网络计划和资源需用量动态曲线如图 2-2-43 所示。

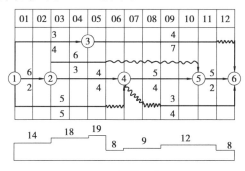

图 2-2-42 调整工作 4—6

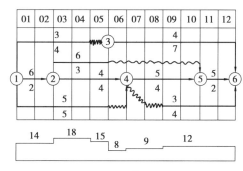

图 2-2-43 调整工作 3—6

③节点 5 为结束节点的工作调整。

以节点 5 为结束节点的非关键工作只有 2—5，该工作时差 5，根据资源需要量曲线表可知，工作 2—5 可右移 3 个时间单位。调整后的网络计划和资源需用量动态曲线如图 2-2-44

所示。

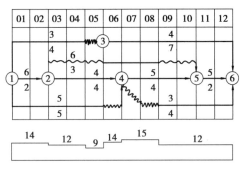

图 2-2-44　调整工作 2—5

④节点 4 为结束节点的工作调整。

以节点 4 为结束节点的非关键工作只有 1—4,该工作时差 1, 右移工作 1—4,第六天资源量为 19,故工作 1—4 不能调整。

⑤节点 3 为结束节点的工作调整。

以节点 3 为结束节点的非关键工作只有 1—3,该工作时差 1,工作 1—3 可右移一个时间单位。工作 1-3 调整后的网络计划和资源需用量如图 2-2-45 所示。

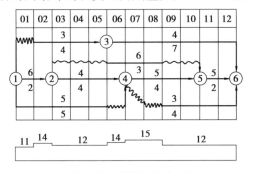

图 2-2-45　调整工作 1—3

以节点 2 为结束节点的只有关键工作 1—2,不能移动,至此,第一次调整结束。是否需要进一步调整,要看具有机动时间的工作在工期固定的前提下能否移动。由图 2-2-45 可知,所有工作左移或右移均不能使资源需用量更加均衡,因此该方案即为最优方案。

(二)"资源有限,工期最短"的优化

当一项工程的计划经过调整资源均衡之后,如果所需要的资源很充足,就可以下达实施了,但是,当资源供应有限时,就要根据有限的资源去安排工作。下面介绍一种资源有限的分配方法——备用库法。

备用库法分配有限资源的基本原理是:设想可供分配的资源储藏在备用库中,任务开始后,从库中取出资源,按工作的"优先安排规则"给即将开始的工作分配资源,并考虑尽可能的最优组合,分配不到资源的工作就推迟开始。随着时间的推移和工作的结束,资源陆续返回到备用库中。当库中的资源能满足即将开始的一项或几项工作的资源需要量时,再从备用库中取到资源,按这些工作的优先安排规则进行分配。这样反复循环,一直到所有工作都分配到资源为止。

资源分配的优先安排规则为:

①优先安排机动时间少的工作。

②当几项工作的机动时间相同时,优先安排持续时间短的和资源强度小的工作。

③优化过程中不改变网络计划中各项工作的持续时间和工作之间的逻辑关系。

应注意的是:优先保障关键工作的资源安排和力争减少资源的库存积压,提高利用率。灵活地运用以上优先安排规则,并考虑尽可能的最优组合。

优化步骤:

①按照各项工作在最早开始时间绘制时标网络计划图,并计算网络计划图每个时间单位的资源需用量。

②从计划开始日期起,逐个检查每个时间段资源需要量是否超过所能供应的资源限量。若在整个工期范围内每个时段的资源需用量均能满足资源限量的要求,则可行优化方案编制完成,否则必须转入下一步进行计划的调整。

③分析超过资源限量的时段。若在该时段内有几项平行工作,则采取将一项工作安排在与之平行的另一项工作之后进行的方法,以降低该时段的资源需用量。

④对调整后的网络计划安排重新计算每个时间单位的资源需用量。

⑤重复步骤②—④,直至网络计划整个工期范围内每个时间单位的资源需用量均满足资源限量为止。

例 2-2-10　某工程网络计划如图 2-2-46 所示,箭线上方为工作的资源强度,下方为持续时间。假定资源限量 $Ra = 12$,试进行资源优化。

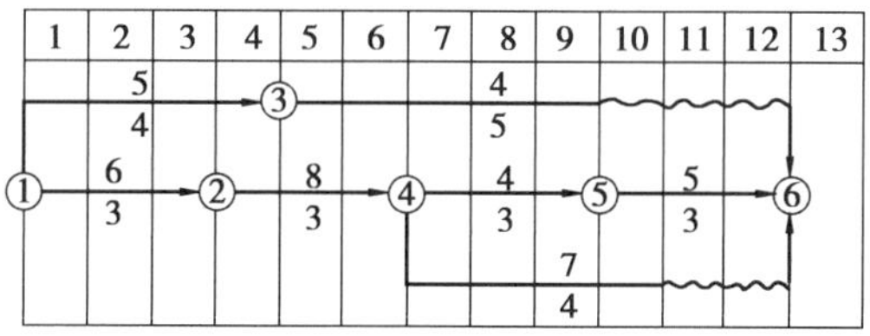

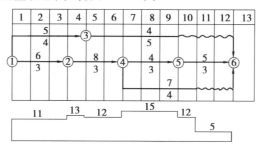

图 2-2-46　时标网络计划图

解:

①计算并绘资源需用量动态曲线(图 2-2-47)。

图 2-2-47　资源需用量动态曲线图

从曲线可看出第 4 天和第 7、8、9 天两个时间段的资源需用量超过资源限量,需进行调整。

②调整第 4 天的平行工作。

第 4 天有 1—3 和 2—4 两项平行工作,满足条件情况下,推迟 2—4 工作,工期延长 1 d,推迟 1—3 工作,资源需求量超限,故推迟 2—4 工作 1 d。调整后的网络计划图及单位时间资源需用量如图 2-2-48 所示。

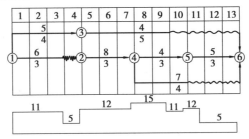

图 2-2-48 调整工作 2—4

从曲线可看出第 8、9 天时间段的资源需用量超过资源限量,需进行调整。

③调整第 8、9 天的平行工作。

第 8、9 天有 3—6、4—5 和 4—6 三项平行工作,4—6 工作有两天的自由时差,延后两天开始不影响工期。调整后的网络计划图及单位时间资源需要量如图 2-2-49 所示。

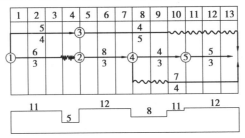

图 2-2-49 调整工作 4—6

从曲线可看出整个工期的资源需用量均未超过资源限量。已为最优方案,最短工期 13 d。

项目三　城市轨道交通工程施工组织设计的编制

🔍 **学习目标**

   1. 了解施工组织设计的编制程序。

   2. 熟悉施工组织设计文件编制的资料准备。

   3. 掌握施工方案编制的内容，施工进度计划的编制方法。

   4. 掌握施工平面布置图设计的内容，熟悉平面布置的原则、依据和步骤。

任务一　施工组织设计的编制程序

📖 **任务描述**

了解施工组织设计编制程序，为科学合理地编制施工组织设计做准备。

📖 **问题思考**

简述施工组织设计编制程序。

📖 **相关知识**

编制施工组织设计要遵守一定的程序，要根据工程的实际情况，遵守城市轨道交通工程施工生产的客观规律，处理和协调好各相关因素的关系，用科学的方法进行编制。一般的编制程序如下：

①分析设计资料，选择施工方案和施工方法。

②编制工程进度图。

③计算人工、材料、机具需要量，制订供应计划。

④临时工程、供水、供电、供热计划。

⑤工地运输组织。

⑥布置施工平面图。

⑦编制技术措施计划与计算技术经济指标。

⑧编制说明书。

不同的施工组织设计阶段,编制程序有所不同,其相互关系如图 2-3-1 所示。

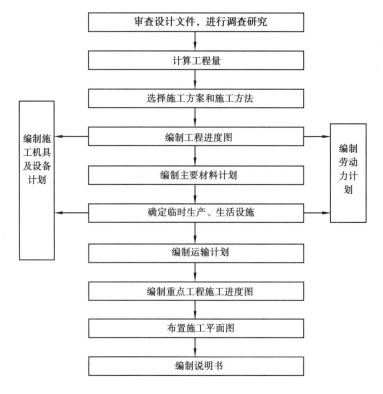

图 2-3-1　施工组织设计的编制程序

任务二　施工组织设计资料的调查

📖 任务描述

熟悉编制施工组织设计需要的资料和调查内容,为编制科学严谨的施工组织设计做准备。

📖 问题思考

编制施工组织设计需要收集哪些资料?

📖 相关知识

为了做好施工组织设计,必须事先进行施工组织调查工作。所谓施工组织调查,就是为编制施工组织文件所进行的收集和研究有关资料的活动。施工组织调查、收集资料的基本要求是:座谈有纪要,协商有协议,有文件规定的要索取书面资料,资料要确实可靠、手续齐全、符合法律要求。一般调查需收集以下资料。

一、施工单位和施工组织方式

在勘察阶段,如可行性研究未明确施工单位,则应向建设单位调查落实施工单位,无论何种施工组织设计,均应事先考察施工单位的施工能力(即可投入的人力、机械、设备及其他施工手段)。对实行招标、投标的工程,在设计阶段一般不能明确施工单位,设计单位应从设计角度出发,提出最为合理的意见,作为编制概、预算的依据。

二、气象资料

在勘测中或施工前应与工程所在地气象部门联系,抄录工程所在地的气温、季风、雨量、积雪、雨季等有关资料。

三、水文地质资料

可向工程所在地的水文地质部门或向本调查队的地质组抄录地质构造、土质类别、地基承载能力、地震等级和地下水位、水量、水质及洪水位。

四、技术经济情况

①施工现场(沿线)附近可以利用的场地,可供租用或支援的房屋情况,在勘测中或施工前,通过调查并与地方主管部门签订协议,解决施工期间食宿办公等用房。

②对工程所需的外购材料应进行详细调查,并填写"调查证明",由提供材料单位盖章证明。

③自采加工材料的料场、加工场位置、供应数量、运距等情况。

④当地能够雇用或支援建设的劳动力数量以及技术水平。

五、运输情况

关于材料运输方面,除应分别了解施工单位自办运输及当地可提供的运力(指可能参加施工运输的运力,包括汽车、拖拉机、兽力车等)状况外,还应对筑路材料的运输途径、转运情况、运杂费标准等进行调查。除车辆调查外,还应对施工便道情况进行调查。

六、供水、供电、通信情况

了解施工用水水源、供水量、水压、输水管道长度等情况,了解供电线路的电容量、电压、可供施工用的用电量及接线位置,以及对临时供电线路和变电设备的要求等。对于供电,应与当地电业部门签订用电协议书。通过调查确定施工动力类别的构成,了解当地通信情况,合理选择地方通信网。

七、生活供应与其他

了解粮、煤、副食品等供应资料,既可对施工总体部署做到心中有数,并以此对施工过程进行空间组织和时间组织,同时也是确定施工方案、选择施工方法的重要依据。

总之,施工组织调查是施工组织设计的基础工作,对工程施工的经济效益具有重大影响。

任务三 施工方案的编制

📖 任务描述

施工方案的核心内容就是施工方法的确定、施工顺序的安排、施工机械的选择。本任务是选择切实可行的施工方法、选择与施工方法匹配的施工机械、安排科学合理的施工顺序，同时要注意三者之间的相互作用关系。

📖 问题思考

1. 安排施工顺序的原则是什么？
2. 施工机具选择的基本要求是什么？

📖 相关知识

施工方案是指对工程施工所做的总体设想和安排。选择施工方案是各类施工组织设计最首要的问题，是决定整个工程全局的关键。一般在初步设计阶段施工方案就确定下来了，但在施工图设计中，还要在初步设计施工方案的基础上，根据批准机关的审查意见，重新提出更具有可行性的方案，作为编制施工组织计划的先决条件。

施工方案的优劣在很大程度上决定了施工组织设计的质量和施工任务完成的好坏。所以，在选择施工方案时，首先要考虑其是否可行，同时还要考虑到技术先进性、经济合理性、施工安全性。所谓可行是指施工方案能从实际出发，符合当前实际情况，有实现的可能性；技术先进性是指能有效地采用新技术、新方法、新工艺、新材料，从而提高工效，缩短工期，保证施工质量；经济合理性是指尽可能地采用降低施工费用的一切正当和有效的措施，挖掘施工潜力、使施工费用降至最低；施工安全性是指施工方案符合安全规程，有保证安全施工的技术措施。以上几点在选择和制订施工方案时应全面考虑，互相权衡。

施工方案所包括的内容很多，概括起来主要有施工方法的确定、施工机械的选配、施工顺序的安排。

一、施工方法的确定

施工方法是施工方案中的核心内容，它对工程的实施具有决定性的作用。由于在施工过程中，可采用的施工方法多种多样，而每种方法又都有其各自的优缺点。施工方案编制的主要任务就是要从若干可实行的施工方法中，选择适合本工程的最先进、最合理、最经济的施工方法，以达到降低工程成本、提高作业生产效率的目的。选择施工方法的依据主要是：

①工程特点。主要指工程项目的规模、构造、工艺、技术要求等方面的特点。

②工期要求。明确本工程的总工期或分部工程的工期是属于紧迫、正常、充裕 3 种中的哪一种。

③施工组织条件。主要指气候等自然条件，施工单位的技术水平和管理水平，所需设

备、材料、资金等供应的情况。

二、施工机械的选配

在确定施工方法的同时,要考虑施工机械的选配。随着现代化施工程度的提高,机械化施工将逐步代替繁重的体力作业。因此,从众多的机械设备中选择适用于本工程的施工机械,是制订施工方案时需要解决的一个重要问题。

施工机械选择的原则:

①只能在现有的或可能获得的机械中进行选择。尽管某种机械在各方面都是适当的,或对工期的缩短、人力的节省很有利,但如不能得到,就不能作为一个可供选择的方案。

②选择的机械类型应与施工条件相符。施工条件指施工场地的地质、地形、工程量大小和施工进度等,特别是工程量和施工进度,是合理选择机械的重要依据。

③固定资产损耗费与运行费是否经济。固定资产损耗费与施工机械的投资成正比;而机械的运行费可视为与完成的施工量成正比的费用,它是选择施工机械必须考虑的一项原则,因此大型工程选用大型机械是经济的。施工机械的经济选择基础是施工单价,故必须权衡机械费与工程量的关系。通常施工机械的容量越大,其施工单价越便宜。如果只使用大型施工机械的部分容量,不如最大限度地发挥中小型机械的容量,在许多情况下这样更经济。

④施工机械的合理组合。合理组合,一是指主机与辅助机械在台数和生产能力上的互相适应;二是指作业线上的各种机械互相配套的组合。

⑤从全局出发统筹考虑选择施工机械。从全局出发就是不仅考虑本项工程,而且要考虑所承担的同一现场上的其他工程的施工机械使用。

三、施工顺序的安排

根据施工规律来确定施工顺序,应遵循和考虑以下几点要求:

①必须符合工艺要求。城市轨道交通工程项目各施工过程之间存在一定的工艺顺序关系,例如钻孔后必须尽快灌注水下混凝土,否则就会产生塌孔现象,所以两道工序必须紧密衔接。

②必须使施工顺序与施工方法、施工机具协调一致。例如,现浇钢筋混凝土上部构造的施工顺序与采用架桥机进行施工的顺序显然不同,因此,施工方法不同,所采用的机具设备也不同,其施工顺序就不会相同。

③必须考虑施工质量的要求。在安排施工顺序时,要以确保施工质量为前提条件,如果影响工程质量,就要重新确定施工顺序或采取必要的技术措施。

④必须考虑水文、地质、气候的影响。在确定施工顺序的同时,应充分考虑洪水、雨季、冬季、不良地质区域等因素的影响。有的因素对施工顺序的安排起着决定作用。

⑤必须考虑影响全局关键工程的合理施工顺序。如城市轨道交通工程中车站若不在前期完工,将导致其他工程不能如期施工(如区间),此时应集中力量攻克关键工程。

⑥必须遵循合理组织施工过程的基本原则。即符合施工过程的连续性、协调性、均衡性和经济性。尽量安排流水作业或部分流水作业,以便充分发挥劳动力和机具的作用;尽量减少工人和机械的停歇时间,以便加快进度;尽量减少或避免各作业之间的相互干扰,以保证

施工作业的顺利进行。

⑦必须考虑安全生产作业的要求。

任务四　施工进度计划的编制

📖 任务描述

进度计划是施工组织设计的核心内容之一,科学合理的进度计划指导施工是施工保质有序的前提。通过本任务熟悉进度计划的编制依据、步骤和表达形式,进行施工进度计划的编制。

📖 问题思考

1.施工进度图的形式和特点是什么?

2.什么是劳动量?写出其计算公式。

📖 相关知识

一、施工进度计划的作用

施工进度计划是控制工程施工进度和工程竣工期限等各项施工活动的依据,施工组织工作中的其他有关问题都要服从进度计划的要求,如计划部门提出月、旬作业计划,平衡劳动力计划;材料部门调配材料、构件;设备部门安排施工机具的调度;财务部门的用款计划等,均须以施工进度计划为基础。

施工进度计划反映了工程从施工准备工作开始,直到工程竣工为止的全部施工过程;反映了工程建筑与安装的配合关系、各分部工程及工序之间的衔接关系。所以施工进度计划有助于领导部门抓住关键,统筹全局,合理布置人力、物力,正确指导施工生产活动的顺利进行;有利于工人明确目标,更好地发挥主人翁精神;有利于施工企业内部及时配合,协同作战。

二、编制施工进度计划的依据

①工程的全部施工图纸及有关水文、地质、气象和其他技术经济资料。

②上级或合同规定的开工、竣工日期。

③主要工程的施工方案。

④劳动定额和机械使用定额。

⑤劳动力、机械设备供应情况。

三、编制施工进度计划的步骤

①研究施工图纸和有关资料及施工条件。

②划分施工项目,计算实际工程数量。

③编制合理的施工顺序和选择施工方法。

④计算各施工过程的实际工作量(劳动量)。

⑤确定各施工过程的劳动力需要量(及工种)和机械台班数量及规格。

⑥设计与绘制施工进度图。

⑦检查与调整施工进度。

四、施工进度图的形式

施工进度图通常是以图表表示,主要形式有横道图法、垂直图法和网络图法3种。

(一)横道图法

横道图的常用格式如图 2-3-2 所示,它由两大部分组成,左边是以分项工程为主要内容的表格,包括相应的工程量、定额和劳动量等计算依据;右边是指示图表,它是由左面表格中的有关数据经计算得到的。指示图表用横向线条形象地表示出分部分项工程的施工进度,线的长短表示施工期限;线的位置表示施工过程;线上的数字表示劳动力数量;线的不同符号表示不同的作业队或施工段别。横道图表示出各施工阶段的工期和总工期,并综合反映了各分部分项工程相互间的关系。

这种表示方法比较简单、直观、易懂,容易编制,但有以下缺点:

①分项工程(或工序)的相互关系不明确。

②施工日期和施工地点无法表示,只能用文字说明。

③工程数量实际分布情况不具体。

④仅反映平均施工强度,它适用于绘制集中性工程进度图、材料供应计划图或作为辅助性的图示附在说明书内,用来向施工单位下达任务。

(二)垂直图(或称斜线式施工进度图)法

垂直图以纵坐标表示施工日期,横坐标表示里程或工程位置,而各分项工程或施工工序的施工进度则相应地以不同形式的斜条线表示,如图 2-3-3 所示。

垂直图的优点是消除了横道图的不足,工程项目的相互关系、施工的紧凑程度和施工速度都十分清楚,工程的分布情况和施工日期一目了然,从图中可以直接找出任意一天各施工队的施工地点和应完成的工程数量。但仍有一些不足之处:不能反映某项工作提前(或推迟)完成对整个计划的影响程度;不能反映哪些工程是主要的,不能明确表达出哪些是关键工作;计划安排的优劣程度很难评价;绘制和修改进度图的工作量很大。

(三)网络图法

网络图是以加注工作持续时间的箭线和节点组成的网状流程图来表示施工进度计划的,如图 2-3-4 所示。网络图与横道图、垂直图比较,不但能反映施工进度,而且能更清楚地反映各个工序、各施工项目之间错综复杂的关系,并可进行时间参数的计算,确定工序是否有机动时间,找出关键工序和关键线路,便于抓住主要工作,同时使用计算机进行计算和优化。因此,在采用 FIDIC 条款的工程中必须使用网络图式施工进度图。但是网络图不易被施工人员掌握,故要配合横线式进度图使用。

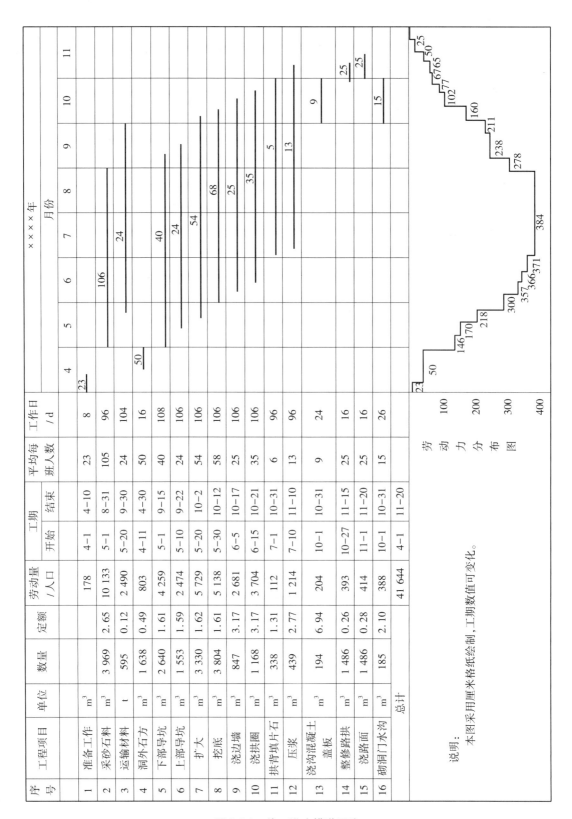

图 2-3-2　施工进度横道图法

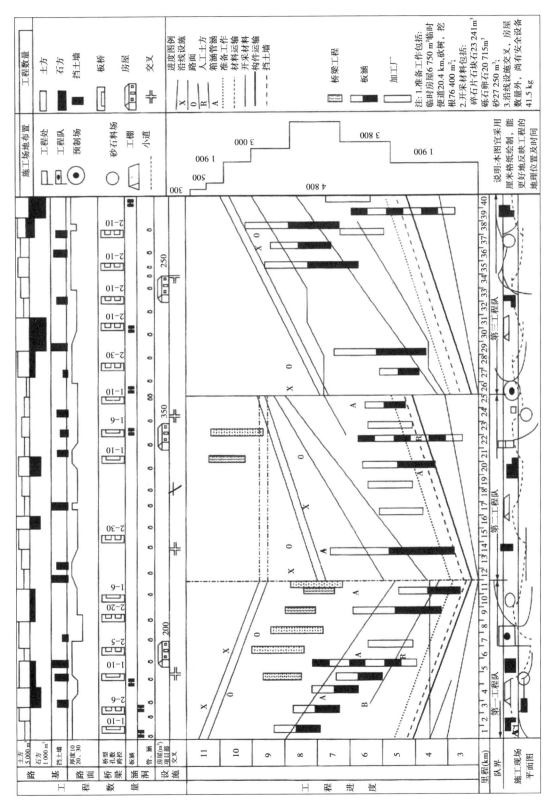

图 2-3-3 施工进度垂直图法

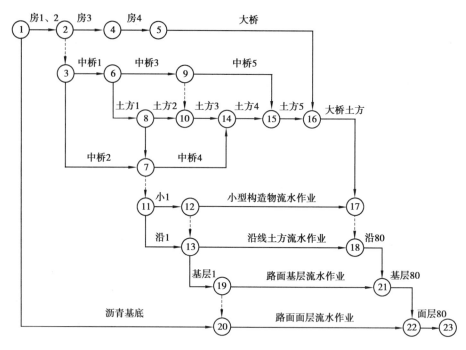

图 2-3-4　施工进度网络图

五、施工进度图的编制

(一)确定施工方法,划分工序

在编制施工进度图时,首先要对有关作图参数予以计算或确定,要划分生产过程的细目,即划分工序,并填入施工进度图相应的栏目中。列项时应注意:

①所列项目要依选用的施工方法而定。

②划分项目粗细程度一般要按所采用定额的子目来填列。

③按施工顺序填列,不可漏列、重列、错列。

(二)工程量计算

将施工过程细目列出后,即可根据设计图纸,并依照有关工程量计算规则,逐项计算工程量;也可采用编制概、预算时的工程量计算成果。

(三)劳动量计算

所谓劳动量,就是工程细目的工程量与相应时间定额的乘积,或等于施工时实际使用的机械台数与作业时间的乘积。

人工操作时叫劳动量,机械作业时叫作业量,也可统称为劳动量。

劳动量可按下式计算:

$$D = QS \tag{2-3-1}$$

或

$$D = \frac{Q}{C} \tag{2-3-2}$$

式中　D——劳动量或作业量(工日或台班);

　　　Q——工程数量;

S、C——时间定额、产量定额。

例 2-3-1　某工程项目施工图设计阶段中,挖掘机($1.0~\mathrm{m}^3$)挖装土方(松土),工程量为 $7~500~\mathrm{m}^3$,试计算其劳动量。

解:①查《城市轨道交通工程预算定额》,确定定额编号 1−011,完成 $1~000~\mathrm{m}^3$ 的工程量需人工 6 工日,75 kW 以内履带推土机 0.18 台班,$1.0~\mathrm{m}^3$ 以内单斗挖掘机 1.79 台班。

②人工劳动量:

$D_R = 7~500 \times 6/1~000 = 45$(工日)

③机械作业量:

推土机 $D_{A-} = 7~500 \times 0.18/1~000 = 1.35$(台班)

挖掘机 $D_B = 7~500 \times 1.79/1~000 = 13.425$(台班)

(四)作业班制的确定

现行定额中规定,潜水工作每工日按 6 h 计,隧道工作每工日按 7 h 计,其余工作每工日均按 8 h 计。当施工工期短,工程量大,在条件允许的情况下,一天 24 h 可以组织两班或三班工人进行施工,这样将会缩短施工工期。两班制或三班制,在城市轨道交通工程施工中主要适用于要求连续生产的作业项目,需要突击或工期起控制作用的关键项目。

(五)作业工期和所需人工、机械数量的计算

①以施工单位现有人力、机械的实际生产能力以及工作面的大小,来确定完成该劳动量所需的持续时间(作业工期)。其计算公式为

$$T = \frac{D}{R \cdot n} \tag{2-3-3}$$

式中　T——生产工期,即作业持续时间,d;

D——劳动量,工日或台班;

R——人数或机械台数;

N——生产作业班制数。

②根据规定的工期确定投入施工的人数和机械台数。

当采用倒排工期法进行施工组织时,某些工作的作业工期已确定,所需人工数量和机械数量按式(2-3-4)计算:

$$R = \frac{D}{T \cdot n} \tag{2-3-4}$$

(六)主导工期的确定

某生产过程的人工及各种机械的劳动量确定后,可根据所投入的人工、机械数量分别算得人工以及各种机械作业的工期,其中工期最长的作业称为主导作业,主导作业的工期称为主导工期。生产过程的工期主要取决于主导工期。

生产过程中各种作业的人工、机械数量是可以调节的,因此主导作业的主导工期也是可变的。在编制施工进度图时,应尽量调节各种作业所需的人工、机械投入数量,使各种作业的工期一致。在编制施工进度图时应以主导工期为控制工期。

例 2-3-2　某桥涵砌筑工程,浆砌料石挡墙、侧墙。其工程量为 $100~\mathrm{m}^3$,施工队有工人 20

人,200 L 灰浆搅拌机 1 台,履带式电动起重机 1 台,试计算施工图设计阶段施工进度图中该项工程的劳动量、生产周期;当要求工期为 10 d 时,一班制作业所需人数和机械台数为多少?

解:因属于施工图设计阶段,故根据《城市轨道交通工程预算定额》计算,其步骤如下:

①确定定额编号:

查得其定额编号为[2-200]。

②劳动量计算:

由定额表查得人工时间定额为 14.21 工日/10 m^3,则人工劳动量为:

$D_R = Q \times S_R = 100 \times 14.21/10 = 142.1$(工日)

③机械作业量计算:

由定额表查得每完成 10 m^3 工程量的机械时间定额为:200 L 灰浆搅拌机 0.11 台班,履带式电动起重机 1.08 台班,据此求机械的作业量。

灰浆搅拌机:

$D_A = Q \times S_A = 100 \times 0.11/10 = 1.1$(台班);

履带式电动起重机:

$D_B = Q \times S_B = 100 \times 1.08/10 = 10.8$(台班)。

④工期计算:

人工工期:$T_R = D_R/(R_R \cdot n) = 142.1/(20 \times 1) = 7.1$(d);

灰浆搅拌机工期:$T_A = D_A/(R_A \cdot n) = 1.1/(1 \times 1) = 1.1$(d);

履带式电动起重机工期:$T_B = D_B/(R_B \cdot n) = 10.8/(1 \times 1) = 10.8$(d)。

因履带式电动起重机的作业工期最长,其工期为主导工期,本工程的生产周期按 10.8 控制。

⑤工人数及机械台数计算:

当要求 10 d 工期时,

工人人数:$R_R = D_R/(T_R \cdot n) = 142.1/(10 \times 1) = 14.21$(人),取 15 人;

灰浆搅拌机:$R_A = D_A/(T_A \cdot n) = 1.1/(10 \times 1) = 0.11$(台),取 1 台;

履带式电动起重机:$R_B = D_B/(T_B \cdot n) = 10.8/(10 \times 1) = 1.08$(台),取 2 台。

(七)施工进度图的编制

完成以上各项工作后,即可着手编制不同阶段的施工进度计划图。

1.横道图表

①绘制空白图表。

②根据设计图纸、施工方法、定额进行列项,并按施工顺序填入工程名称栏内。

③逐项计算工程量。

④逐项选定定额,将其编号填入表中。

⑤进行劳动量计算。

⑥按施工力量(作业队、班、组人数,机械台数)以及工作班制计算所需施工周期(即工作日数);或按限定的日期以及工作班制、劳动量确定作业队、班(组)的人数或机械台数,将计算结果填入表中相应栏内。

⑦按计算的各施工过程的周期,并根据施工过程之间的逻辑关系,安排施工进度时间。

⑧绘制劳动力安排曲线。

⑨进行反复调整与平衡,最后择优定案。

2.垂直图

①绘制空白图表。纵坐标表示施工日期,横坐标表示里程或工程位置。

②列项。线型工程按里程顺序,并以 km 为单位列项;集中型工程按工程的桩号顺序,并单独列项。

③在下部绘制施工平面草图。

④绘制进度线。根据计算出的施工周期,用不同形式的斜线(工作面较长)或垂线(工作面集中)绘制进度线,按紧凑原则,使各进度线移至最佳位置。

⑤调整。在安排施工进度时可采用工程进度计划三分法:确定总体工期后,按工程形象进度安排,上一道工序的分项工程工作量完成 1/3,即可进行下一道工序的分项工程的施工。例如,墩柱完成量是基桩完成量的 1/3,盖梁完成量是墩柱完成量的 1/3,下部工程完成后,主梁安装达到主梁安装总量的 1/3,主梁预制剩余量为主梁预制总量的 1/3。

(八)施工进度图的评价

编制施工进度图时,应当设计几个方案,绘制几个施工进度草图,经过反复平衡比较评价后,确定最终方案。其比较、评价要点是:

①工期能否满足合同或业主的需要。

②施工顺序是否合理。

③劳动力、机械、材料等资源的供应能否保证,消耗是否均衡。

劳动力消耗均衡性用劳动力不均衡系数 K 表示,它的值大于或等于1,一般不超过1.5,其值按下式计算:

$$K = \frac{R_{\max}}{R_{平均}} \tag{2-3-5}$$

式中 $R_{\max}$——高峰期劳动力消耗;

$R_{平均}$——平均劳动力消耗。

④是否符合合理组织生产过程的 4 项原则。

⑤是否充分估计了客观因素的影响,可行性如何。

⑥各项安排是否既先进合理又留有余地。

六、其他图表

施工进度计划确定后,还要根据其编制工、料、机需要量等计划。

(一)劳动力需要量计划

根据已确定的施工进度计划,可计算出各个施工项目单位时间内所需的劳动力数量,将同一时间内所有施工项目的人工数累加,就可以绘出劳动力需要量图,同时编制劳动力需要量计划。劳动力需要量计划表的形式见表 2-3-1。

表 2-3-1　劳动力需要量计划表

工序	工种名	需要人数和时间										备注
		××××年					××××年					
		一季度	二季度	三季度	四季度	合计	一季度	二季度	三季度	四季度	合计	
1	2	3	4	5	6	7	8	9	10	11	12	13

（二）主要材料计划

主要材料指工程施工过程中用量较大的材料,如钢材、水泥、沙、石料、木材、沥青、石灰等,特殊工程使用的外掺剂、加筋带等也列入计划。主要材料计划是运输组织和布置工地仓库的依据,先按工程量与定额计算材料用量,然后根据施工进度编制材料计划。主要材料计划表的形式见表 2-3-2。

表 2-3-2　主要材料计划表

序号	材料名称及规格	单位	数量	来源	运输方式	××××年					××××年					备注
						一季度	二季度	三季度	四季度	合计	一季度	二季度	三季度	四季度	合计	
1	2	3	4	5	6	7	8	9	10	11	12	13	14	15	16	17

（三）主要施工机具、设备计划

在确定施工方法时,已经考虑了各个施工项目需用何种施工机械或设备。进度计划确定后,为做好机具、设备的供应工作,应根据已确定的施工进度,将每个施工项目采用的机械名称、规格和需用数量以及使用的日期等综合汇总,编制施工机具、设备计划。主要施工机具、设备计划表的形式见表 2-3-3。

表 2-3-3　主要施工机具、设备计划表

序号	机具名称及规格	数量		使用年限		××××年								备注
		台班	台辆	开始日期	结束日期	一季度		二季度		三季度		四季度		
						台班	台辆	台班	台辆	台班	台辆	台班	台辆	
1	2	3	4	5	6	7	8	9	10	11	12	13	14	15

（四）临时工程计划

临时工程包括生活房屋、生产房屋、便道、便桥、电力和电信设备以及小型临时设施等,

临时工程计划表的形式见表 2-3-4。

表 2-3-4　临时工程计划表

序号	设置地点	工程名称	说明	单位	数量	备注
1	2	3	4	5	6	7

（五）技术组织措施计划

为保证工程质量、提高劳动生产率、缩短生产工期、降低成本、安全生产,根据企业下达的要求和指标,编制技术组织措施计划。技术组织措施计划表的形式见表 2-3-5。

表 2-3-5　技术组织措施计划表

措施名称及内容摘要	经济效果/元	计划依据	负责人	完成日期
1	2	3	4	5

任务五　施工平面布置图设计

📖 任务描述

施工平面布置图是施工组织设计的核心内容之一,是对施工过程进行空间组织的表达。通过本任务熟悉施工平面布置图的分类和主要内容,以及平面布置图设计的依据、原则和步骤,进行施工平面布置图设计。

📖 问题思考

1.施工平面图设计的定义及依据是什么？原则是什么？

2.施工平面图包括的内容有哪些？

📖 相关知识

工程进度图是施工过程时间组织的具体成果,施工平面图则是施工过程空间组织的具体成果,它是施工组织设计规定的文件。根据施工过程空间组织的原则,对施工过程所需工艺流程、施工设备、原材料堆放、动力供应、场内运输、半成品生产、仓库料场、生活设施等项,进行空间的特别是平面的规划与设计,并以平面图的形式加以表达。这项工作就称为施工平面图设计。

一、施工平面图的分类和主要内容

(一) 施工平面图的分类

1. 施工总平面图

施工总平面图是以整个工程为对象的平面设计方案,主要反映工程沿线的地形情况、料场位置、运输路线、生活设施等的位置和相互关系。如图 2-3-5 所示为某地铁工程一部分施工总平面布置图。

2. 单位工程或分部、分项工程施工平面图

它是以单位工程或分部、分项工程为对象的空间组织的平面设计方案,比施工总平面图更加深入、具体。如某工程项目中的大桥施工平面图、集中型大型工程施工平面图、附属加工厂施工平面图、基础工程施工平面图、主梁吊装施工平面图等。

(二) 施工平面图的主要内容

①桥涵建筑工地平面图上首先标定地界内及附近已有的和拟建的地上、地下建筑物及其他地面附着物、农田、果园、钻孔、地下洞穴、坟墓等的位置和主要尺寸,并应标出需要拆迁的建筑物及需占用的农田、果园等,以及需拆迁建筑物(如房屋)在施工期间是否可供利用,还要标出拟建线路及桥墩台位置、里程等。

②施工区段划分。对有两个及以上施工单位施工的大桥、特大桥或成组桥涵,应标出各自的施工范围。

③对施工服务的临时设施布置:

a. 各种运输道路及临时便桥以及过渡工程的设置。

b. 临时生活房屋。如行政管理办公用房、施工人员宿舍、食堂、浴池、文化服务用房等。

c. 各种加工厂、混凝土成品厂及机械站、混凝土搅拌站。

d. 各种材料、半成品、成品仓库或堆栈。

e. 大堆料堆放点及机械设备设置点。

f. 临时供电(或变电)、供水、蒸汽及压缩空气站及其管线和通信线路。

g. 其他生产房屋,如木工棚、铁工棚、机具修理棚、车库、油库等。

h. 安全及防火设施等。

④取土和弃土位置。取土和弃土位置如果远离施工现场,在场地布置图上无法标注时,可加以说明。

二、施工平面布置图设计的依据、原则、步骤

(一) 施工平面图设计的依据

①工程地形图。

②设计资料及施工组织调查资料。

③施工进度计划和主要施工方案。

④各种材料、半成品的供应计划及运输方式。

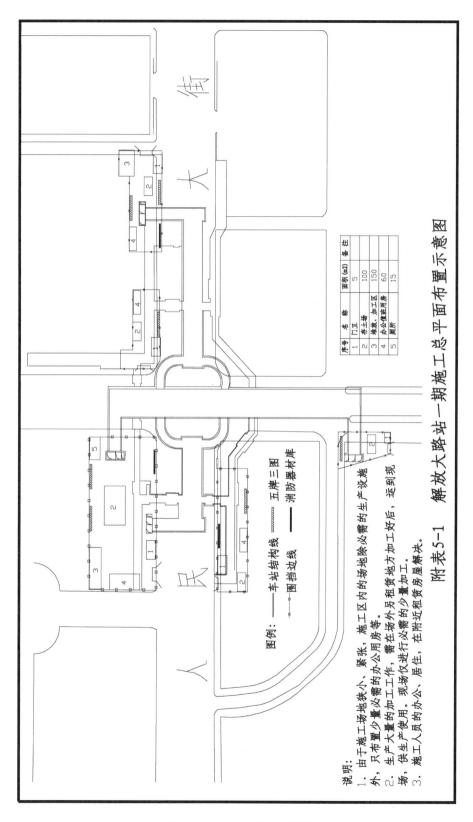

序号	名 称	面积(m2)	备注
1	门卫	5	
2	弃土场	100	
3	搅拌、加工区	150	
4	办公住班用房	60	
5	厕所	15	

图例：——车站结构线 ——五牌三图 ——消防器材库
——围挡边线

附表 5-1 解放大路站一期施工总平面布置示意图

说明：
1. 由于施工场地狭小，紧张，施工区内的场地除必需的生产设施外，只布置少量的办公用房等。
2. 生产大量的加工、需在场在外另租赁地方加工好后，运到现场。供生产使用。现场仅进行必需的少量加工。
3. 施工人员的办公、居住，在附近租赁房屋解决。

图 2-3-5 施工总平面布置图

⑤各类临时设施的性质、形式、面积和尺寸。

⑥辅助生产、服务生产的规模和数量。

⑦其他有关资料。

(二)施工平面图设计的原则

①在保证施工顺利的前提下,充分利用原有地形、地物,少占农田,因地制宜,以降低工程成本。

②充分考虑洪水、风、地质等自然条件的影响。

③场区规划必须科学合理。从所采用的施工手段和施工方法出发,对基本生产区域进行布设,对于辅助生产区域的布设,必须方便基本生产,在内部满足工艺流程的需要,并使其靠近原料产地或汇集点;对于生活区域的布设,应方便工人的休息和生活;对于施工指挥机构的布设,必须有利于工程全面的管理。

④在材料运输过程中,减少二次搬运和运距,将大型预制构件或材料设置在使用点附近,使货物的运量和起重量减到最小。

⑤现场的布局必须适应施工进度、施工方法、工艺流程及所采用新技术、新工艺和科学组织生产的需要。

⑥施工平面图必须符合安全生产、保安防火和文明生产的规定和要求。

(三)施工平面图布置的步骤

①分析和研究设计图纸、施工方法、工艺设计、自然条件等资料。

②进行平面规划分区。

③合理进行起重、吊装、运输机械的布置。

④确定混凝土搅拌站的位置。

⑤确定各类临时设施、堆料场地的位置和尺寸。

⑥布置水电线路。

⑦确定临时便道、便桥的位置、长度、标准。

⑧进行多方案分析比较,确定最优方案。

模块三　计价基础知识

项目一　城市轨道交通工程造价的基本知识

🔎 **学习目标**

1. 了解工程造价的概念和含义。

2. 了解建设项目总投资的构成。

3. 掌握建筑安装工程费的构成。

4. 掌握基本预备费、涨价预备费、建设期贷款利息的计算。

工程项目建设的周期一般比较长,可以分为项目可行性研究与决策阶段、项目初步设计阶段、项目技术设计阶段、项目施工图设计阶段、项目招投标阶段、项目实施阶段、项目竣工验收阶段、项目试车(试运行)阶段、项目运行阶段。在每个阶段进行工程的投资管理活动,会产生相应的费用,由哪些费用构成呢? 每个阶段预计和实际发生的费用相同吗?

任务一　工程造价的概念与含义

📖 任务描述

本任务使学生了解工程造价,明确两种含义的工程造价。并且认知项目总投资构成要素。

📖 问题思考

1. 两种含义的工程造价的区别是什么?

2. 项目总投资由哪几部分构成?

3. 某建设项目建筑工程费 2 000 万元,安装工程费 700 万元,设备购置费 1 100 万元,工程建设其他费 450 万元,预备费 180 万元,建设期贷款利息 120 万元,流动资金 500 万元,则该项目的投资总额为多少万元?

📖 相关知识

一、工程造价的概念

工程造价的直意就是工程的建造价格,是工程项目按照确定的建设项目、建设规模、建设标准、功能要求、使用要求等全部建成后经验收合格并交付使用所需的全部费用。

二、工程造价的含义

工程造价有两种含义,第一种含义:工程造价是指建设一项工程预期或实际开支的全部固定资产的投资费用。这一含义是从投资者预期——业主的角度来定义的。投资者选定一个投资项目,为了获得预期的效益,须通过项目评估、决策、设计招标、施工招标、监理招标、工程施工监督管理,直至竣工验收等一系列投资管理活动,在投资管理活动中所支付的全部费用就形成了固定资产和无形资产。

工程造价的第一种含义即建设项目总投资中的固定资产投资。

第二种含义:工程造价是指为建设一项工程,预计或实际土地市场、设备市场、技术劳务市场、承包市场等交易活动中所形成的建筑安装工程总价格。

这一含义以建设工程项目这种特定的商品作为交易对象,通过招投标或其他交易方式,在进行多次预估的基础上,最终由市场形成价格。

工程造价的第二种含义即建设项目总投资中的建筑安装工程费用。

三、项目总投资的构成

建设项目总投资包括固定资产投资和流动资产投资两部分,具体构成见表3-1-1。

表 3-1-1　建设项目总投资构成

建设项目总投资	固定资产投资(工程造价的第一种含义)	设备及工具、器具购置费	设备购置费	设备原价
				设备运杂费
			工具、器具及生产家具购置费	
		建筑安装工程费用(工程造价的第二种含义)	直接费	
			间接费	
			利润	
			税金	
		工程建设其他费用	土地使用费	
			与项目建设有关的其他费用	
			与未来企业生产经营有关的其他费用	
		预备费	基本预备费	
			涨价预备费	
		建设期利息		
		固定资产投资方向调节税		
	流动资产投资			

任务二 建筑安装工程费

📖 任务描述

本任务主要讲述建筑安装工程费按费用构成要素划分的七部分内容：人工费、材料费、施工机具使用费、企业管理费、利润、规费和税金；按造价表现形式划分的五部分内容：分部分项工程工程费、措施项目费、其他项目费、规费和税金。

📖 问题思考

1. 建筑安装工程费按费用构成要素划分包括什么？

2. 什么是人工费？

3. 材料费由哪几部分构成？

4. 什么是施工机具使用费？包括哪些内容？

5. 材料的检验试验费用计入哪部分组成中？新结构、新材料的试验费计入哪部分组成中？

6. 社会保险费包括什么？

7. 建筑安装工程费按工程造价表现形式划分为几部分内容？是什么？

8. 什么是规费？包含哪些内容？

9. 分部分项工程费包含哪几部分费用？

10. 措施项目费包含哪些费用？

11. 什么是暂列金额和暂估价？

📖 相关知识

根据住房和城乡建设部、财政部《建筑安装工程费用项目组成》（建标〔2013〕44号）规定，建筑安装工程费用有两种划分方式：按费用构成要素划分、按工程造价表现形式划分。

一、按费用构成要素划分

建筑安装工程费用项目按费用构成要素划分为人工费、材料（包含工程设备，下同）费、施工机具使用费、企业管理费、利润、规费和税金。

（一）人工费

人工费是指按工资总额构成规定，支付给从事建筑安装工程施工的生产工人和附属生产单位工人的各项费用，包括以下内容：

1. 计时工资或计件工资

计时工资或计件工资是指按计时工资标准和工作时间或对已做工作按计件单价支付给个人的劳动报酬。

2. 奖金

奖金是指对超额劳动和增收节支支付给个人的劳动报酬,如节约奖、劳动竞赛奖等。

3. 津贴补贴

津贴补贴是指为了补偿职工特殊或额外的劳动消耗和其他特殊原因支付给个人的津贴,以及为了保证职工工资水平不受物价影响支付给个人的物价补贴,如流动施工津贴、特殊地区施工津贴、高温(寒)作业临时津贴、高空津贴等。

4. 加班加点工资

加班加点工资是指按规定支付的在法定节假日工作的加班工资和在法定日工作时间外延时工作的加班工资。

5. 特殊情况下支付的工资

特殊情况下支付的工资是指根据国家法律、法规和政策规定,因病、工伤、产假、计划生育假、婚丧假、事假、探亲假、定期休假、停工学习、执行国家或社会义务等原因按计时工资标准或计时工资标准的一定比例支付的工资。

(二)材料费

材料费是指施工过程中耗费的原材料、辅助材料、构配件、零件、半成品或成品、工程设备的费用,包括下述内容:

1. 材料原价

材料原价指材料、工程设备的出厂价格或商家供应价格。

2. 运杂费

运杂费指材料、工程设备自来源地运至工地仓库或指定堆放地点所发生的全部费用。

3. 运输损耗费

运输损耗费指材料在运输装卸过程中不可避免的损耗。

4. 采购及保管费

采购及保管费指为组织采购、供应和保管材料、工程设备的过程中所需要的各项费用,包括采购费、仓储费、工地保管费、仓储损耗。

工程设备是指构成或计划构成永久工程一部分的机电设备、金属结构设备、仪器装置及其他类似的设备和装置。

材料原价和各项费用均不包含增值税可抵扣进项税额。

(三)施工机具使用费

施工机具使用费(以下简称"机具费")是指施工作业所发生的施工机械、仪器仪表使用费或其租赁费。

1. 施工机械使用费

以施工机械台班耗用量乘以施工机械台班单价表示,施工机械台班单价应由下列七项费用组成:

①折旧费:指施工机械在规定的使用年限内,陆续收回其原值的费用。

②大修理费:指施工机械按规定的大修理间隔台班进行必要的大修理,以恢复其正常功能所需的费用。

③经常修理费:指施工机械除大修理以外的各级保养和临时故障排除所需的费用。包

括为保障机械正常运转所需替换设备与随机配备工具附具的摊销和维护费用,机械运转中日常保养所需润滑与擦拭的材料费用及机械停滞期间的维护和保养费用等。

④安拆费及场外运费:安拆费指施工机械(大型机械除外)在现场进行安装与拆卸所需的人工、材料、机械和试运转费用以及机械辅助设施的折旧、搭设、拆除等费用。场外运费指施工机械整体或分体自停放地点运至施工现场或由一施工地点运至另一施工地点的运输、装卸、辅助材料及架线等费用。

⑤人工费:指机上司机(司炉)和其他操作人员的人工费。

⑥燃料动力费:指施工机械在运转作业中所消耗的各种燃料及水、电等。

⑦税费:指施工机械按照国家规定应缴纳的车船税、保险费及年检费等。

2. 仪器仪表使用费

仪器仪表使用费是指工程施工所需使用的仪器仪表的摊销及维修费用。

各项费用均不包含增值税可抵扣进项税额。

(四)企业管理费

企业管理费是指建筑安装企业组织施工生产和经营管理所需的费用,包括以下内容:

1. 管理人员工资

管理人员工资是指按规定支付给管理人员的计时工资、奖金、津贴补贴、加班加点工资及特殊情况下支付的工资等。

2. 办公费

办公费是指企业管理办公用的文具、纸张、账表、印刷、邮电、书报、办公软件、现场监控、会议、水电、烧水和集体取暖降温(包括现场临时宿舍取暖降温)等费用。

3. 差旅交通费

差旅交通费是指职工因公出差、调动工作的差旅费、住勤补助费,市内交通费和误餐补助费,职工探亲路费,劳动力招募费,职工退休、退职一次性路费,工伤人员就医路费,工地转移费以及管理部门使用的交通工具的油料、燃料等费用。

4. 固定资产使用费

固定资产使用费是指管理和试验部门及附属生产单位使用的属于固定资产的房屋、设备、仪器等的折旧、大修、维修或租赁费。

5. 工具用具使用费

工具用具使用费是指企业施工生产和管理使用的不属于固定资产的工具、器具、家具、交通工具和检验、试验、测绘、消防用具等的购置、维修和摊销费。

6. 劳动保险和职工福利费

劳动保险和职工福利费是指由企业支付的职工退职金、按规定支付给离休干部的经费,集体福利费、夏季防暑降温、冬季取暖补贴、上下班交通补贴等。

7. 劳动保护费

劳动保护费是指企业按规定发放的劳动保护用品的支出,如工作服、手套、防暑降温饮料以及在有碍身体健康的环境中施工的保健费用等。

8. 检验试验费

检验试验费是指施工企业按照有关标准规定,对建筑以及材料、构件和建筑安装物进行一般鉴定、检查所发生的费用,包括自设试验室进行试验所耗用的材料等费用。不包括新结构、新材料的试验费,对构件做破坏性试验及其他特殊要求检验试验的费用和建设单位委托检测机构进行检测的费用,对此类检测发生的费用,由建设单位在工程建设其他费用中列支。工程质量验收所发生的检测费用不包括在检验试验费中,发生的检测费由建设单位支付。但检测不合格的,该检测费用由施工企业支付。

9. 工会经费

工会经费是指企业按《工会法》规定的全部职工工资总额比例计提的工会经费。

10. 职工教育经费

职工教育经费是指按职工工资总额的规定比例计提,企业为职工进行专业技术和职业技能培训,专业技术人员继续教育、职工职业技能鉴定、职业资格认定以及根据需要对职工进行各类文化教育所发生的费用。

11. 财产保险费

财产保险费是指施工管理用财产、车辆等的保险费用。

12. 财务费

财务费是指企业为施工生产筹集资金或提供预付款担保、履约担保、职工工资支付担保等所发生的各种费用。

13. 税费

税费是指企业按规定缴纳的房产税、车船税、土地使用税、印花税、排污税、城市维护建设税、教育费附加以及地方教育附加等。

14. 其他

其他费用包括技术转让费、技术开发费、投标费、业务招待费、绿化费、广告费、公证费、法律顾问费、审计费、咨询费、保险费等。

(五)利润

利润是指施工企业完成所承包工程获得的盈利。

(六)规费

规费是指按国家法律、法规规定,由省级政府和省级有关权力部门规定必须缴纳的费用,该项费用不得作为竞争性费用。规费包括以下内容:

①社会保险费:

a. 养老保险费:是指企业按照规定标准为职工缴纳的基本养老保险费。

b. 失业保险费:是指企业按照规定标准为职工缴纳的失业保险费。

c. 医疗保险费:是指企业按照规定标准为职工缴纳的基本医疗保险费。

d. 生育保险费:是指企业按照规定标准为职工缴纳的生育保险费。

e. 工伤保险费:是指企业按照规定标准为职工缴纳的工伤保险费。

f. 住房公积金:是指企业按照规定标准为职工缴纳的住房公积金。

②防洪基础设施建设资金:指企业按照规定缴纳的防洪基础设施建设资金。

③残疾人就业保障金:指企业按照规定缴纳的残疾人就业保障金。

④其他规费。

(七)税金

税金指国家税法规定的应计入建筑安装工程造价的增值税。

二、按工程造价表现形式划分

建筑安装工程费用按工程造价表现形式划分为分部分项工程费(或人工费、材料费、施工机具使用费、企业管理费、利润)、措施项目费、其他项目费、规费、税金组成。

(一)分部分项工程费

分部分项工程费指各专业工程的分部分项工程应予列支的各项费用。

1. 专业工程

专业工程指按现行工程量计算规范划分的房屋建筑与装饰工程、仿古建筑工程、通用安装工程、市政工程、园林绿化工程、矿山工程、构筑物工程、城市轨道交通工程、爆破工程等各类工程。

2. 分部分项工程

分部分项工程工指按现行工程量计算规范对各专业工程划分的项目。

$$单位工程造价=分部分项工程费+措施项目费+其他项目费+规费+税金$$

其中,

$$分部分项工程费=\sum（分部分项工程量\times分部分项工程综合单价）$$

$$分部分项工程综合单价=人工费+材料费+施工机具使用费+企业管理费+利润$$

(二)措施项目费

措施项目费指为完成建设工程施工,发生于该工程施工前和施工过程中的技术、生活、安全、环境保护等方面的费用。

措施项目分单价措施项目和总价措施项目,单价措施项目是指可以计算工程量的措施项目,总价措施项目是指在现行工程量计算规范中无工程量计算规则,不能计算工程量,以总价(或计算基础乘费率)计价的项目。总价措施项目内容如下:

1. 安全文明施工费(内容详见2013年各专业工程量计算规范)

①环境保护费:指施工现场为达到环保部门要求所需要的各项费用(含扬尘污染治理费)。

②文明施工费:指施工现场文明施工所需要的各项费用。

③安全施工费:指施工现场安全施工所需要的各项费用。

④临时设施费:指施工企业为进行建设工程施工所必须搭设的生活和生产用的临时建筑物、构筑物和其他设施的费用。包括临时设施的搭设、维修、拆除、清理费或摊销费等。

2. 夜间施工增加费

指在合同工程工期内,按设计或技术要求为保证工程质量必须在夜间连续施工增加的费用,包括:夜间补助费、夜间施工降效、夜间施工照明设备摊销及照明用电等费用,内容详见2013年各专业工程量计算规范。从当日下午6时起计算3~4 h为0.5个夜班,5~8 h为1个夜班,8 h以上为1.5个夜班。

3. 非夜间施工照明费

为保证工程施工正常进行,在地下(暗)室、设备及大口径管道等特殊施工部位施工时所采用的照明设备的安拆、维护及照明用电等;在地下(暗)室等施工引起的人工工效降低以及由于人工工效降低引起的机械降效。

4. 二次搬运费

二次搬运费是指因施工场地条件限制而发生的材料、构配件、半成品等一次运输不能到达堆放地点,必须进行二次或多次搬运所发生的费用。

5. 冬雨季施工增加费

冬雨季施工增加费是指在冬季或雨季施工需增加的临时设施、防滑、排除雨雪,人工及施工机械效率降低等费用,内容详见 2013 年各专业工程量计算规范。

冬季施工日期:11 月 1 日到下年 3 月 31 日。土方工程:11 月 15 日到下年 4 月 15 日(吉林省)。

6. 地上、地下设施、建筑物的临时保护设施费

在工程施工过程中,对已建成的地上、地下设施和建筑物进行的遮盖、封闭、隔离等必要保护措施所发生的费用。

7. 已完工程及设备保护费

对已完工程及设备采取的覆盖、包裹、封闭、隔离等必要保护措施所发生的费用。

8. 工程定位复测费

工程定位复测费指工程施工过程中进行全部施工测量放线和复测工作的费用。

9. 市政工程施工干扰费

施工受行车、行人干扰的影响,导致人工、机械效率降低而增加的措施及为保证行车、行人安全,现场增设维护交通与疏导人员而增加的措施所发生的费用。

(三)其他项目费

1. 暂列金额

招标人在工程量清单中暂定并包括在合同款中的一笔款项。用于施工合同签订时尚未确定或者不可预见的所需材料、设备、服务的采购,施工中可能发生的工程变更、合同约定调整因素出现时的工程价款调整以及发生的索赔、现场签证确认的费用。

2. 暂估价

暂估价指招标人在工程量清单中提供的用于支付必然发生但暂时不能确定的材料单价以及专业工程的金额。

3. 计日工

计日工指在施工过程中,完成发包人提出的施工图纸以外的零星项目或工作,按合同中约定的综合单位计价。

4. 总承包服务费

总承包服务费指总承包人为配合协调发包人进行的工程分包自行采购的设备、材料等进行管理、服务以及施工现场管理、竣工资料汇总整理等服务所需的费用。

(四)规费

与按费用构成要素组成划分相同。

(五)税金

与按费用构成要素组成划分相同。

三、两种划分方式的对应关系

建筑安装工程费用按构成要素划分和按造价表现形式划分对应关系见表 3-1-2。

表 3-1-2　建筑安装工程费用组成

	按费用构成要素划分			按造价表现形式划分
建筑安装工程费	人工费	1.计时工资或计件工资		1.分部分项工程费
		2.奖金		
		3.津贴、补贴		
		4.加班加点工资		
		5.特殊情况下支付的工资		
	材料费	1.材料原价		
		2.运杂费		
		3.运输损耗费		
		4.采购及保管费		
	施工机具使用费	1.施工机械使用费	①折旧费	2.措施项目费
			②大修理费	
			③经常修理费	
			④安拆费及场外运费	
			⑤人工费	
			⑥燃料动力费	
			⑦税费	
		2.仪器仪表使用费		
	企业管理费	1.管理人员工资		3.其他项目费
		2.办公费		
		3.差旅交通费		
		4.固定资产使用费		
		5.工具用具使用费		
		6.劳动保险和职工福利费		
		7.劳动保护费		
		8.检验试验费		
		9.工会经费		
		10.职工教育经费		
		11.财产保险费		
		12.财务费		
		13.税金		
		14.其他		
	利润			
	规费	1.社会保险费	①养老保险费	4.规费
			②失业保险费	
			③医疗保险费	
			④生育保险费	
			⑤工伤保险费	
			⑥住房公积金	
		2.防洪基础设施建设资金		
		3.残疾人就业保障金		
		4.其他规费		
	税金	增值税		5.税金

任务三　设备、工器具购置费

📖 任务描述

本任务主要讲述设备、工器具购置费的概念和内容,使学生了解设备购置费、标准设备、非标准设备,以及设备购置费、工器具购置费的计算方法。

📖 问题思考

1. 什么是标准设备和非标准设备?
2. 设备购置费的构成内容是什么?

📖 相关知识

设备、工具、器具及家具购置费用是由设备、工具、器具购置费和办公及生活家具购置费组成的。目前在工业项目建设中,设备、工具、器具及家具购置费用逐步增加,正确确定该费用,对于资金的合理使用和投资效果十分重要。

一、设备购置费

(一)设备

1. 概念

凡是经过加工制造,由多种材料和部件按各自用途组成独特结构,具有功能、容量及能量传递或转换性能的机器、容器和其他机械、成套装置(使用期在一年以上,其单位价值在2 000元以上),以及虽未达到固定资产标准而必须列入设备清单者,统称为设备。

2. 分类

①设备按使用形式分为:需要安装与不需要安装的设备。

②按制造方法分为:标准与非标准设备。

③按购入渠道分为:国内设备与进口设备。

④按设备结构组成分为:单机与机组。

3. 标准设备

标准设备是指有国家统一规定名称、规格、型号及其价格的机电设备称为标准设备。

4. 非标准设备

非标准设备是指国家尚无定型标准,制造厂不批量生产,又不易通过贸易关系购买,由使用单位提供设计图纸,再委托制造厂制造或由施工单位就地制造生产的设备,此类设备无统一标准,称为非标准设备。

(二)设备购置费概念

设备购置费指构成固定资产标准的设备和虽低于固定资产标准,但属于设计明确列入设备清单的设备,按设计规定的规格、型号、数量以设备原价加设备运杂费计算的购置费用。

工程竣工验交时,设备(包括备品备件)应移交运营部门。

购买计算机硬件设备时所附带的软件若不单独计价,其费用应随设备硬件一起列入设备购置费中。

设备购置费中设备的范围包括:标准和非标准设备主体、随设备到货的配件、备件及附属于设备本体制作成型的梯子、平台、栏杆及管道等;各种仪器、仪表及自动化控制装置;实验室内的设备仪器及属于设备本体部分的仪器仪表等;附属于设备本体的油类、化学药品等;以及用于生产生活并附属于建筑物或构筑物的设备,如水泵、锅炉及水处理设备、电器通风设备等。

因此,在确定设备本体外,还需掌握设备本体附带的各种附件的范围、种类和数量,以免在概(预)算中重复或漏列费用。

(三)设备购置费的内容构成

由于设备投资在固定资产建设中占有一定的比重,因此正确确定设备的预算价格,对于准确编制工程概(预)算,合理使用建设资金,提高固定资产投资效果,都具有重要的意义。

设备的预算价格是根据设计的设备名称、规格、型号,按照设备原价、运杂费计算,还应包括连同设备随带的备品、备件费。

1. 设备原价

设备原价指设计单位根据生产厂家的出厂价及国家机电产品市场价格目录和设备信息价格等资料综合确定的设备原价。内容包括按专业标准规定的保证在运输过程中不受损失的一般包装费,及按产品设计规定配备的工具、附件和易损件的费用。非标准设备的原价(包括材料费、加工费及加工厂的管理费等)可按厂家加工订货价格资料,并结合设备信息价格,经分析论证后确定。

设备原价的确定如下:

(1)国内标准设备原价(即产品目录价格或出厂价)

①国家统一管理设备:按国家规定的设备出厂价格确定。

②中央各主管部门管理的设备:按各主管部门规定的设备出厂价格确定。

③各省、自治区、直辖市管理的设备:按各省、自治区、直辖市管理的设备出厂价格确定。

④各制造厂新产品:按经上级批准的新产品的计划价格即产品目录价格确定。

⑤无上述资料,可参考类似设备的价格估价确定。

(2)国内非标准设备原价

非标准设备没有统一价格依据,定价有以下 3 种方法:

①询价:到生产过该产品的制造厂询问现行出厂价格。

②估价:按类似设备的价格估定,也可按其重量和"元/t"指标估价计算。

③计算:按成本内容(设备材料费、加工费、辅助材料费、专用工具费、废品损失费、外购配件费、包装费、利润及税金等)分项计算。

(3)由国外进口的设备原价

以合同签订的到岸价计算,包括到岸价、关税、增值税、调节税、进出口公司手续费、外贸手续费等。或者按离岸价加进口费用确定设备原价,包括离岸价、海运费,海运保险费、关税、增值税、调节税、进出口公司手续费、人民币保证金和银行手续费、外贸手续费等。

2. 设备运杂费

设备自生产厂家(来源地)运至施工工地料库(或安装地点)所发生的运输费、装卸费、供销部门手续费、采购及保管费等统称为设备运杂费。

(1)国内设备(标准与非标准设备)运杂费

该项费用是指设备从供料基地或存货地点运往工地设备堆放地或安装点所发生的运输及杂项费用,也称为设备发出运杂费。包括运输费、包装费、装卸费、手续费、保管费、办理托运等所发生的费用。

该工地设备堆放地点与安装地点距离应在预算定额包括的运距范围之内。

(2)国外进口设备运杂费

通过海上运输方式到货的进口设备,其国内运杂费由港口费、外运公司劳务费、设备运杂费3项费用组成。

①港口费:是指进口设备到达港按设备重量(或体积)收取的费用。它按各港口自行编制的《港口费定额》收费。

②外运公司劳务费:是指外运公司为办理进口设备业务而按设备重量(或体积)收取的劳务费。

③设备运杂费:是指设备由到达港仓库或交货地点,运至工地仓库或设备存放地点所发生的运输及杂项费用。其计算方法与国内设备运杂费计算方法一样。

(3)设备运杂费不包括内容

设备运杂费不包括以下内容:

①运输设备发生的道路补修及加固费。

②设备公司供应成套设备的加成费。

③应用旧有固定设备的拆除费(应计入设备安装费内)。

④设备制造的图纸费用(应在设备原价中支付)。

二、工具、器具及家具购置费

工具、器具及家具购置费是指新建项目或扩建项目初步设计规定所必须购置的不够固定资产标准的设备、仪器工具、生产家具和备品备件等的费用。其计算方法与设备购置费相同。

任务四　工程建设其他费用

📖 任务描述

工程建设其他费用包括土地使用费、与建设有关的其他费用、与未来生产经营有关的其他费用。通过本任务,学生能熟悉这些费用的构成。

📖 问题思考

1. 土地使用费包括什么?

2.与建设有关的其他费用包括什么？

3.与未来生产经营有关的其他费用包括什么？

📖 相关知识

工程建设其他费用不是直接用于工程项目施工的费用，但在整个工程项目的实施过程中，凡是与该项目有关而又不在上述两大部分费用（建安费和购置费）中的费用都属其他费用，它是总概（预）算的组成部分。

城市轨道交通工程其他费有土地使用费、与建设项目有关的其他费用、与未来生产经营有关的其他费用。

在编制概（预）算时，应本着厉行节约、满足建筑工程投资需要的原则，从实际出发，在正确贯彻执行有关方针、政策和条例的基础上计算其他费用。与地方或其他有关部门（如邮电、水利、铁路等部门）发生关系时，应注意省、自治区、直辖市及其他有关部门的规定。

一、土地使用费

指按照《中华人民共和国土地管理法》规定，为进行铁路建设所支付的土地征用及拆迁补偿费用。内容包括：

①土地征用补偿费。土地补偿费，安置补助费，被征用土地地上、地下附着物及青苗补偿费，征用城市郊区菜地缴纳的菜地开发建设基金，征用耕地缴纳的耕地开垦费、耕地占用税等。

②拆迁补偿费。被征用土地上的房屋及附属构筑物、城市公共设施等迁建补偿费等。

③土地征用、拆迁建筑物手续费。在办理征地拆迁过程中，所发生的相关人员的工作经费及土地登记管理费等。

④用地勘界费。委托具备有关资质的土地勘界机构对建设用地界进行勘定所发生的费用。

二、与建设有关的其他费用

（一）建设项目管理费

1.建设单位管理费

①概念：建设单位管理费指建设单位从建设项目筹建之日起至办理竣工财务决算之日止发生的管理性质的开支。

②内容包括：工作人员工资、基本养老保险费、基本医疗保险费、失业保险费、工伤保险费、生育保险费、住房公积金、办公费、差旅交通费、劳动保护费、工具用具使用费、固定资产使用费、零星购置费、招募生产工人费、技术图书资料费、印花税、业务招待费、施工现场津贴、竣工验收费和其他管理性质的开支。

2.建设管理其他费

建设期交通工具购置费，建设单位前期工作费，建设单位招标工作费，审计（查）费，合同公证费，经济合同仲裁费，法律顾问费，工程总结费，宣传费，按规定应缴纳的税费，施工单位对具有出厂合格证明的材料进行试验、对构件进行破坏一阵试验及其他特殊要求检验试验所发生的费用等。

3. 建设项目管理信息系统购建费

建设项目管理信息系统购建费指为利用现代信息技术,实现建设项目管理信息化购建项目管理信息系统所发生的费用,包括有关设备购置与安装、软件购置与开发等。

4. 工程监理与咨询服务费

工程监理与咨询服务费是指由建设单位委托具有相应资质的单位,在建设项目的招投标、勘察、设计、施工、设备采购建造(包括设备联合调试)等阶段实施监理与咨询的费用[设计概(预)算中每项监理与咨询服务费应列出详细条目]。

5. 工程质量检测费

工程质量检测费指为保证工程质量,根据规定由建设单位委托具有相应资质的单位对工程进行监测所需的费用。

6. 工程质量安全监督费

工程质量安全监督费是指按国家有关规定实行工程质量安全监督所发生的费用。

7. 工程定额测定费

工程定额测定费是指为制订城市轨道交通工程定额和计价标准,实现对城市轨道交通工程造价的动态管理而发生的费用。

8. 施工图审查费

施工图审查费指建设主管部门认定的施工图审查机构按照有关法律、法规,对施工图中涉及公共利益、公共安全等建设强制性标准的内容进行审查所需的费用。

9. 环境保护专项监理费

环境保护专项监理费指为保证城市轨道工程施工对环境及水土保持不造成破坏,而从环保的角度对项目施工进行专项检测、监督、检查所发生的费用。

10. 营业线施工配合费

营业线施工配合费指施工单位在营业线上进行建筑安装工程施工时,需要运营单位在施工期间参加配合工作所发生的费用(含安全监督检查费用)。

(二)建设项目前期工作费

1. 项目筹融资费

项目筹融资费是指为筹措项目建设资金而支付的各项费用。主要包括向银行借款的手续费以及为发行股票、债券而支付的各项发行费用等。

2. 可行性研究费

可行性研究费是指编制和评估项目建议书(或预可行性研究报告)、可行性研究报告所需的费用。

3. 环境影响报告编制与评估费

环境影响报告编制与评估费指按照有关规定编制与评估建设项目环境影响报告所发生的费用。

4. 水土保持方案报告编制与评估费

水土保持方案报告编制与评估费是指按照有关规定编制与评估建设项目水土保持方案报告所发生的费用。

5. 地质灾害危险性评估费

地质灾害危险性评估费是指按照有关规定对建设项目所在地区的地质灾害危险性进行评估所需的费用。

6. 地震安全性评估费

地震安全性评估费是指按照有关规定对建设项目进行地震安全性评估所需费用。

7. 洪水影响评价报告编制费

洪水影响评价报告编制费是指按照有关规定就洪水对建设项目可能产生的影响和建设项目对防洪可能产生的影响做出评价,并编制洪水影响评价报告所需的费用。

8. 文物保护费

文物保护费是指按照有关规定对受建设项目影响的文物进行原址保护、迁移、拆除所需的费用。

9. 勘察设计费

勘察费:指勘察单位根据国家有关规定,按承担任务的工作量应收取的勘察费用。

设计费:指设计单位根据国家有关规定,按承担任务的工作量应收取的设计费用。

(三)研究试验费

研究试验费指为建设项目提供或验证设计数据、资料等所进行的必要的研究试验,以及按照设计规定在施工中必须进行的试验、验证所需的费用。不包括:

①应由科技 3 项费用(即新产品试制费、中间试验费和重要科学研究补助费)开支的项目。

②应由检验试验费开支的施工企业对建筑材料、设备、构件和建筑物等进行一般鉴定、检查所发生的费用及技术革新的研究试验费。

③应由勘察设计费开支的项目。

(四)计算机软件开发与购置费

计算机软件开发与购置费指购买计算机硬件及所附带的单独计价的软件,或需另行开发与购置的软件所需的费用。不包括项目建设、设计、施工、监理、咨询工作所需软件的费用。

三、与未来生产经营有关的其他费用

(一)联合试运转及工程动态检测费

联合试运转及工程动态检测费指城市轨道交通工程建设项目在施工全面完成后至运营部门全面接收前,对整个系统进行负荷或无负荷联合试运转或进行工程动态检测所发生的费用。包括所需的人工、原料、燃料、油料和动力的费用,机械及仪器、仪表使用费用,低值易耗品及其他物品的购置费用等。

(二)生产准备费

1. 生产职工培训费

生产职工培训费指新建和改扩建城市轨道交通工程,在交验投产以前对运营部门生产职工培训所必需的费用。内容包括:培训人员的工资、津贴和补贴、职工福利费、差旅交通费、劳动保护费、培训及教学实习费等。

2.办公和生活家具购置费

办公和生活家具购置费指为保证新建、改扩建项目初期正常生产、使用和管理,所必须购置的办公和生活家具、用具的费用。

范围包括:行政、生产部门的办公室、会议室、资料档案室、文娱室、食堂、浴室、单身宿舍、行车、公寓等内部的家具用具。不包括应由企业管理费、奖励基金或行政开支的改扩建项目办公和生活家具购置费。

3.工器具及生产家具购置费

工器具及生产家具购置费指新建、改建和扩建项目的新建车间,验交后为满足初期正常运营必须购置的第一套不构成固定资产的设备、仪器、仪表、工卡模具、器具、工作台(框、架、柜)所发生的费用。不包括:构成固定资产的设备、工器具和备品、备件;已列入设备购置费中的专用工具和备品、备件。

任务五　预备费

📖 任务描述

本任务主要学习基本预备费的概念和计算方法,涨价预备费的概念和计算方法。

📖 问题思考

1.什么是基本预备费? 如何计算?

2.什么是涨价预备费? 如何计算?

3.某项目的静态投资为 10 000 万元,项目建设期 3 年,项目的投资分年使用比例为第一年 20%,第二年 60%,第三年 20%,建设期内年平均价格变动率为 6%,则该项目建设期的涨价预备费为多少?

📖 相关知识

一、基本预备费

1.概念

基本预备费属于静态投资部分,是指在初步设计阶段,编制总概(预)算时,由于设计限制而发生的难以预料的费用。本项费用由建设单位统筹管理。

2.主要用途

①在进行设计和施工过程中,在批准的初步设计范围内,必须增加的工程费用和按规定需要增加的费用。本项费用不含 I 类变更设计增加的费用。

②在建设过程中,未投保工程遭受一般自然灾害所造成的损失和为预防自然灾害所采取的措施费用,及为了规避风险而投保全部或部分工程的建筑、安装工程一切险和第三者责任险的费用。

③验收委员会(或小组)为鉴定工程质量,必须开挖和修复隐蔽工程的费用。

④由于设计变更所引起的废弃工程而发生的费用,但不包括施工质量不符合设计要求而造成的返工费用和废弃工程费用。

⑤征地、拆迁的价差。

3. 基本预备费的计费标准

本项费用以工程费用(设备及工器具购置费、建筑安装工程费)和工程建设其他费用总额为基数,初步设计概算按5%计列,施工图预算按3%计列。

二、涨价预备费

1. 概念

涨价预备费是指为正确反映城市轨道交通工程基本建设工程项目的概(预)算总额,在设计概(预)算编制年度到项目建设竣工的整个期限内,因形成工程造价诸因素的正常变动(如材料、设备价格的上涨,人工费及其他有关费用标准的调整等),导致必须对该建设项目所需的总投资额进行合理的核定和调整,而需预留的费用及外资贷款汇率变动部分的费用。

2. 计算

根据建设项目施工组织设计安排,以其分年度投资额及不同年限,按国家及住房和城乡建设部公布的工程造价年上涨指数计算,计算公式为

$$E = \sum_{t=1}^{n} I_t \left[(1+p)^m (1+p)^{0.5} (1+p)^{t-1} - 1 \right] \tag{3-1-1}$$

式中　E——工程造价涨价预备费;

　　　t——建设期年份,年;

　　　I_t——施工期第 t 年的分年度投资额,包括工程费用、工程建设其他费及基本预备费,即第 t 年的静态投资;

　　　m——编制年至开工年年限,年;

　　　n——开工年至结(决)算年年限,年;

　　　p——工程造价年增长率。

任务六　专项费用

📖 任务描述

本任务主要讲述项目总投资中的专项费用,通过本任务,学生要掌握建设期贷款利息的计算。

📖 问题思考

1. 什么是建设期贷款利息?

2. 借款额在建设期各年年内均衡发生时,贷款利息如何计算?

3. 借款额在建设期各年年初发生时,贷款利息如何计算?

📖 相关知识

一、机车车辆购置费

此项费用指根据城市轨道工程客车投资有关规定,在新建和电气化技术改造等基建大中型项目总概(预)算中,增列按初期运量所需要的新增机车车辆的购置费。

本项费用按设计确定的初期运量所需要的新增机车车辆的型号、数量及编制期机车车辆购置价格计算。

二、铺底流动资金

为保证新建项目投产初期正常运营所需流动资金有可靠来源,而计列本项费用。主要用于购买原材料、燃料、动力设备,支付职工工资和其他有关费用。

三、建设期贷款利息

1. 概念

本项费用指建设项目中分年度使用国内贷款,在建设期内应归还的贷款利息。

2. 计算公式

建设期贷款利息的计算要根据借款在建设期各年年初发生或者在各年年内均衡发生的情况,采用不同的计算公式。

①借款额在建设期各年年内均衡发生,建设期利息的计算公式为:

$$Q = \sum_{t=1}^{n} \left[\left(P_{t-1} + \frac{A_t}{2} \right) \times i \right] \tag{3-1-2}$$

式中　Q——建设期投资贷款利息;

　　　n——贷款年限,年;

　　　A_t——建设期第 t 年借款额;

　　　i——借款年利率;

　　　P_{t-1}——按单利计算,为建设期第 $t-1$ 年末借款累计;按复利计算,为建设期第 $t-1$ 年末借款本息累计。

②借款额在建设期各年年初发生,建设期利息的计算公式为:

$$Q = \sum_{t=1}^{n} \left[\left(P_{t-1} + A_t \right) \times i \right] \tag{3-1-3}$$

式中符号意义同前。

项目二　工程定额与计价

🔍 **学习目标**

1. 了解工程造价的概念和含义。

2. 了解建设项目总投资的构成。

3. 掌握建筑安装工程费的构成。

4. 掌握基本预备费、涨价预备费、建设期贷款利息的计算。

工程项目建设的周期一般比较长,可以分为项目可行性研究与决策阶段、项目初步设计阶段、项目技术设计阶段、项目施工图设计阶段、项目招投标阶段、项目实施阶段、项目竣工验收阶段、项目试车(试运行)阶段、项目运行阶段。在每个阶段进行工程的投资管理活动,会产生相应的费用,由哪些费用构成呢? 每个阶段预计和实际发生的费用相同吗?

任务一　工程定额的概念

📖 **任务描述**

定额是计价的依据,通过本任务学生能够对工程定额有基本认知,了解工程定额的作用和特性。

📖 **问题思考**

1. 什么是工程定额?

2. 工程定额在基本建设中有何作用?

3. 工程定额有什么特点?

4. 什么是工程定额的二重性?

📖 **相关知识**

一、工程定额的定义

定额,顾名思义,是规定的限额,是社会物质生产部门在生产经营活动中,根据一定的组织条件,在一定的时间内,为完成一定数量的合格产品所规定的人力、物力和财力消耗的数量标准。在基本建设工程施工过程中,要完成某项工程或某一结构构件的生产,必须消耗一定的人力、物力和财力。耗用多少才算合理,一般均以定额为标准。所谓定额,就是指在正常施工条件下(即施工过程按生产工艺和质量验收规范操作,施工条件完善,劳动组织合理,机械运转正常,材料供应及时),完成单位合格产品所必须消耗的人工、材料、机具设备及其资金的限额标准。

例如,在《城市轨道交通工程概算定额》第二册桥涵工程(GCG 102—2011)中,防护工程中挡土墙的工作内容包括选、修石料,拌制砂浆,砌筑,清扫石面,勾缝,养护等全部操作过程。定额[1-48]浆砌料石挡土墙 1 m^3 需要人工 1.91 工日,人工单价是 55.00 元/工日,定额人工基价为 105.05 元;M10 水泥砂浆 0.224 m^3,单价 227.54 元/m^3,料石 0.91 m^3,单价 240.00 元/m^3,水 0.66 m^3,单价 6.21 元/m^3,定额材料基价 285.97 元;200 L 灰浆搅拌机 0.019 台班,单价 70.86 元/台班,定额机械基价 1.35 元。浆砌料石挡土墙的定额基价为 392.37 元/m^3。

不同产品有不同的质量要求,因此,定额除规定各种资源消耗的数量标准外,还要规定应完成的产品规格、工作内容以及应达到的质量标准和安全要求。从此意义上看,定额是质与量的统一体。

工程定额的形式与内容,是根据施工生产需要决定的。因此,工程定额的分类也是多样化的,如图 3-2-1 所示。

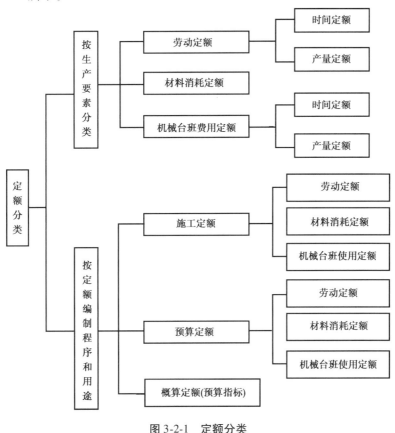

图 3-2-1　定额分类

从图 3-2-1 可以看出,建筑安装工程定额无论按何种方法分类,其内容都包含着按生产要素分类这个因素,即劳动定额、材料消耗定额和机械台班使用定额。这 3 种定额是制订其他各种定额的基础,也称基础定额。

二、定额的特点

工程定额具有科学性、系统性、统一性、权威性和强制性、稳定性和实效性的特点。

(一)定额的科学性

工程定额的科学性包括两重含义。一重含义是指工程定额必须和生产力发展水平相适应,反映出工程建设中生产消费的客观规律。另一重含义是指工程定额管理在理论、方法和手段上必须科学化,以适应现代科学技术和信息社会发展的需要。

(二)定额的系统性

工程定额是相对独立、完整的系统。它的结构复杂,有鲜明的层次,有明确的目标,它是由多种定额结合而成的有机的整体。一种专业定额是一个完整独立的系统,城市轨道交通工程计价定额从测定到使用,直至再修订都是为了全面反映城市轨道交通工程所有的工程内容和项目,与轨道工程技术标准、规范配套,完全准确反映城市轨道交通工程施工工艺的每一个环节。

(三)定额的统一性

工程定额的统一性,主要是由国家对经济发展的有计划的宏观调控职能决定的。为了使国民经济按照既定的目标发展,就需要借助某些标准、定额、参数等,对工程建设进行规划、组织、调节、控制。而这些标准、定额、参数必须在一定范围内是一种统一的尺度,才能实现上述职能,才能利用它对项目的决策、设计方案、投标报价、成本控制进行比选和评价。

工程定额的统一性按照其影响力和执行范围来看,有全国统一定额、地区统一定额和行业统一定额等,层次清楚,分工明确;按照定额的制订、颁布和贯彻使用来看,有统一的程序、统一的原则、统一的要求和统一的用途。

(四)定额的权威性和强制性

主管部门通过一定程序审批颁发的工程定额是具有很大权威的,这种权威性在某些情况下具有经济法规性质和执行的强制性。权威性反映统一的意志和统一的要求,也反映信誉和信赖程度。强制性反映刚性约束,反映定额的严肃性。

工程定额的权威性和强制性的客观基础是定额的科学性。只有科学的定额才具有权威。但是,科学的、有权威的定额并不一定得到遵循和贯彻。因为工程定额虽然反映了生产消费的客观规律,但在社会主义市场经济条件下,它必然涉及各有关方面的经济关系和利益关系。赋予工程定额以一定的强制性,就意味着在规定的范围内,对于定额的使用者和执行者来说,不论主观上愿意不愿意,都必须按定额的规定执行。在当前市场不规范的情况下,赋予工程定额以强制性是十分必要的,它不仅是定额作用得以发挥的有力保证,而且也有利于理顺工程建设有关各方的经济关系和利益关系。需要说明的是,这种强制性也有相对的一面,在竞争机制引入工程建设的情况下,定额的水平必然会受市场供求状况的影响,从而在执行中可能产生定额水平的浮动。准确地说,这种强制性不过是一种限制,一种对生产消费水平的合理限制,而不是对降低生产消费的限制,不是限制生产力的发展。

应该指出的是,在社会主义市场经济条件下,对定额的权威性和强制性不应绝对化。定额的权威性虽有其客观基础,但定额毕竟是主观对客观的反映,定额的科学性会受到人们认识的局限。与此相关,定额的权威性也就会受到削弱,定额的强制性也受到了新的挑战。更为重要的是,在社会主义市场经济条件下,随着投资体制的改革和投资主体多元化格局的形成,随着企业经营机制的转换,他们都可以根据市场的变化和自身的情况,自主地调整自己的决策行为。在这里,一些与经营决策有关的工程定额的强制性特征自然也就弱化了。但直接与施工生产相关的定额,在企业经营机制转换等要求下,其权威性和强制性还必须进一步强化。

(五)定额的稳定性和时效性

工程定额中的任何一种都是一定时期技术发展和管理的反映,因而在一段时间内都表现出稳定的状态。根据具体情况不同,稳定的时间有长有短,一般在 5 年至 10 年之间。保持定额的稳定性是维护定额的权威性所必须的,更是有效地贯彻定额所必须的。如果某种定额处于经常修改变动之中,那必然造成执行中的困难和混乱,使人们感到没有必要去认真对待它,很容易导致定额权威性的丧失。

工程定额的不稳定也会给定额的编制工作带来极大的困难。编制或修改定额是一项十分繁重的工作,它需要动员和组织大量的人力和物力,需要收集大量的资料、数据,需要进行反复的调查研究、测算、比较、平衡、审查、批准,以至印刷、发行等工作,而这些工作的完成,往往需要很长的周期。所以,经常修改定额在人力上和技术上几乎是不可能的。

但是工程定额的稳定性是相对的。任何一种工程定额都只能反映一定时期的生产力水平,定额水平是一定时期社会生产力水平的反映。一定时期的定额水平必须坚持平均先进或先进合理的原则,当生产力向前发展了,定额就会与已经发展了的生产力不相适应。这样,它原有的作用就会逐步减弱以至消失,甚至产生负效应。所以,工程定额在具有稳定性特点的同时,也具有显著的时效性。当定额不再能起到促进生产力发展的作用时,工程定额就要重新编制或修订了。

从一段时期来看,定额是稳定的;从长时期看,定额是变动的。

三、定额的作用

1.在工程建设中定额具有节约社会劳动和提高生产效率的作用

一方面,生产性的施工定额直接作用于建筑安装工人,企业以定额作为促使工人节约社会劳动(工作时间、原材料等)和提高劳动效率、加快工作进度的手段,以增加市场竞争能力,获取更多的利润;另一方面,作为工程造价计算依据的各类定额,又促使企业加强管理,把社会劳动的消耗控制在合理的限度内。再者,作为项目决策依据的定额指标,又在更高的层次上促使了项目投资者合理而有效地利用和分配社会劳动。所有这些都说明,定额在工程建设中有节约社会劳动和优化资源配置的作用。

2.定额是国家对工程建设进行宏观调控和管理的手段

市场经济并不排斥宏观调控,即使在资本主义国家,政府也要利用各种手段影响和调控经济的发展。利用定额对工程建设进行宏观调控和管理,主要表现在:

①对工程造价进行宏观管理和调控 。

②对资源配置进行预测和平衡。

③对经济结构的调控,既包括对企业结构和所有制结构进行合理调控,也包括对技术结构和产品结构进行调控。

3. 定额有利于市场公平竞争

定额既是对市场信息的加工,又是对市场信息的传递。定额所提供的准确信息为市场需求主体和供给主体之间以及供给主体和供给主体之间的竞争提供了有利条件。

4. 定额是对市场行为的规范

定额既是投资决策的依据,又是价格决策的依据。对于投资者来说,他可以利用定额权衡自己的财务状况和支付能力、预测资金投入和预期回报,还可以充分利用有关定额的大量信息,有效地提高其项目决策的科学性,优化其投资行为。对于建筑企业来说,由于有关定额在一定程度上制约着工程中人工、材料的消耗,因此会影响到建筑产品的价格水平。企业在投标报价时,只有充分考虑定额的要求,做出正确的价格决策,才能占有市场竞争优势,才能获得更多的工程合同。可见,定额在上述两个方面规范了市场主体的经济行为,因而对完善我国固定资产投资市场和建筑市场都能起到重要作用。

5. 工程定额有利于完善市场的信息系统

定额管理既是对大量市场信息的加工,也是对大量信息进行市场传递,同时也是市场信息的反馈。信息是市场体系中不可或缺的要素,其可靠性、完备性和灵敏性是市场成熟和市场效率的标志。在我国,以定额形式建立和完善市场信息系统,是以公有制经济为主体的社会主义市场经济的特色。

6. 定额有利于推广先进的施工技术和工艺

定额水平中包含某些已成熟的先进的施工技术和经验,工人要达到或超过定额,就必须掌握和应用这些先进技术;如果工人要超过定额水平,他就必须进行创造性的劳动。第一,在自己的工作中注意改进工具和改进操作方法,注意原材料的节约,避免原材料和能源的浪费。第二,企业或主管部门为了推行定额,往往会组织技术培训,以帮助工人能达到或超过定额。这样,新技术、新工艺、新材料、新经验就很容易推广而大大提高全社会的劳动生产效率。

四、定额的二重性

定额管理的二重性主要取决于管理的二重性。管理的二重性即自然属性和社会属性。

1. 管理的自然属性是生产和劳动社会化的客观要求

凡是人类共同劳动,就需要管理。它不受社会经济形态和社会制度不同的影响,它只与客观经济规律的发展相适应。研究和认识生产与消费之间的客观数量关系,是社会化大生产的客观要求,这种客观要求反映了定额和定额管理的自然属性。

2. 管理的社会属性主要取决于生产关系

任何劳动都处于一定的生产关系之中。因此管理总带有统治地位的生产关系烙印。在资本主义条件下,管理的社会属性表现为监督劳动的性质。在以公有制为基础的社会主义条件下,管理的社会属性发生了根本变化。定额和定额管理的社会属性也发生了根本的变化。他们不再是那种监督劳动,而是为全社会,为全体劳动人民的利益,为日益增长的物质文化生活的要求服务。

任务二　施工过程分析与定额消耗量确定方法

📖 任务描述

定额是规定的限额,是在一定的时间内,为完成一定数量的合格产品所规定的人力、物力和财力消耗的数量标准。数量标准的测量依据和标准是什么? 本任务对施工过程进行分析,讲述定额中消耗量的确定方法。

📖 问题思考

1.工人工作时间和机械工作时间由哪些时间组成? 制定定额包括哪些时间?
2.什么是工序、工作过程、复合过程?
3.研究施工过程的目的是什么?

📖 相关知识

一、施工过程分析

(一)施工过程概念

1.施工过程分类

①按使用工具、设备和机械化程度可分为:人工施工过程,如人力挖土;机械施工过程,如铲运机运土;人工与机械并用施工过程,如人力挖土,卷扬机提升土。

②按生产的特点及组织的复杂程度可分为工序、工作过程和复合过程。如钢筋混凝土构件施工过程可分解为表3-2-1所列工程过程及工序等项目。

表3-2-1　钢筋混凝土施工过程

工程 名称	复合 过程	工程过程	工序	操作	动作
钢筋混凝土构件	钢筋混凝土构件施工过程	1.钢筋制作、绑扎 2.模板制、立、拆 3.混凝土拌和、运输及灌注	1.整直 2.除锈 3.切断 4.弯曲 5.成品运输 6.绑扎钢筋	1.在工作台上放样 2.把钢筋放在工作台 3.对准位置 4.靠近支点 5.扳动扳手 6.弯好钢筋 7.放回扳手 8.将弯好的钢筋取出 9.放在指定地点	1.工人走到调直、除锈并切断好的钢筋堆放处 2.拿起钢筋 3.走向工作台 4.把钢筋放在工作台上

a. 工序。是指在组织上不可分开,而在操作上属于同一类的施工过程。工序的基本特点是劳动者、工具和使用的材料不变,若其中一项有了变更,即表明由一个工序转入到另一个工序。例如在钢筋制作与绑扎过程中,当钢筋调直好后便开始除锈,这时钢筋工放下调直工具,拿起钢丝刷,就表示已由调直工序转入除锈工序。

工序是定额制订工作中的主要研究对象。从施工操作的组织观点看,工序是最简单的作业过程;从劳动过程的特点看,工序还可分解为由若干操作组成的作业。而每一操作本身又是由各种工作动作组成。动作是指劳动者在完成某一操作时的一举一动,这是工序中最小的一次性的活动。

b. 工作过程。是由同一工人或同一小组所完成的在技术操作上互有联系的工序所组成。如钢筋制作与绑扎这一工作过程,是由在技术操作上互有联系的钢筋调直、除锈、切断、弯曲、成品运到堆放点(绑扎点)、绑扎钢筋等工序组成,并由同一小组依次完成。

由一名工人完成的称为个人工作过程,如筛沙子。由小组工人共同完成的称为小组工作过程,如灌注混凝土。

c. 复合过程。为了同一目的(或同一建筑产品),将组织上彼此有直接关联并先后或交叉或同时进行的几个工作过程结合起来,称为复合过程(也称为综合工作过程)。如钢筋混凝土构件施工过程,包括钢筋制作、绑扎,模板制、立、拆,混凝土拌和、运送、灌注等工作过程,都是先后或交叉或同时进行的,在组织上彼此有直接关联,缺一不可,最终产品是混凝土构件。

2. 研究施工过程的目的

①研究复合过程是为了判断复合过程的各有关工作过程在生产组织上是否合理,质量是否合乎标准,找出各工作之间的矛盾和解决矛盾的方法,以便加强协作,确保产品质量。

②研究工作过程是为了找出工序间更换工具、材料、工作地点以及劳动者在生产过程中的工作方法、路线、劳动组合与分工、机具设备数量是否恰当合理。研究组成工程过程的各工序,哪些可以取消,哪些可以合并,哪些复杂笨重的工序可以用简便的方法代替,以达到工作过程严密紧凑,提高劳动生产率的目的。

③研究工序是为了看组成各工序的操作是否必要合理,能否用更简便的操作代替,以便找出整个工作过程中施工生产的特性和影响生产效率的因素,以达到提高劳动效率,降低消耗的目的。

④研究操作是为了研究先进的操作方法,看操作中哪些动作是多余的,应该取消;哪些动作是必要的,能否合并或用更简单轻巧的动作代替,以达到合理安排操作次序,提高工效,减轻劳动强度的目的。为制订操作规程和定额提供基础资料。

根据确定的必要和合理的工序、操作和动作,测定出完成每一动作、操作和工序所需的时间消耗及每个工作过程的材料消耗,经过分析、研究、计算、综合,就可得出整个工序和整个施工过程的时间、材料消耗量,再加上其他必要的时间消耗和材料消耗,便可制订出该工序或该施工过程的定额。

(二)工作时间分析

工作时间分析是以时间值为尺度,对特定的所必需的时间值进行分析研究的一种方法,其主要目的是为制订时间定额和产量定额提供基础资料,此外,还可用于检查定额的执行情况,测定劳动生产率,编制施工工作计划,进行人员调配、组织均衡施工以及作为计算工人劳动报酬的基础。

工作时间,是工人或机械在一个工作班内的工作持续时间。目前我国建筑安装企业是8小时工作制,工作班工作持续时间是8小时。对工作时间进行研究,首先应将工作时间按其消耗性质进行分类,分别研究不同类型的工时数量及特点。

1.工人工作时间消耗分析

工人工作消耗时间分类如图3-2-2所示。

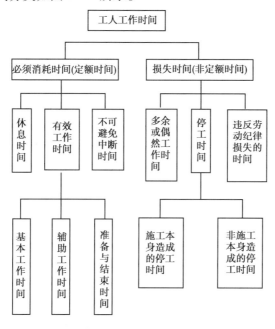

图 3-2-2 工人工作时间分析图

定额时间(也称必须消耗时间)指为完成所接受的工作任务而必须消耗的时间。包括工人有效工作时间、正常休息时间和不可避免的中断时间。

要完成或超额完成劳动定额,必须抓好工人的有效工作时间,尽量减少不可避免的中断时间,将损失时间压缩为零。

(1)必须消耗时间(定额时间)

必须消耗时间是作业者在正常施工条件下,为完成一定产品(或工作任务)所必须消耗的时间。这部分时间属于定额时间,是制订定额的主要依据。包括有效工作时间、休息时间和不可避免的中断时间。

①有效的工作时间。从生产效果上看,是与产品直接有关的工作时间消耗。其中包括基本工作时间、辅助工作时间、准备与结束时间。

基本工作时间是在施工过程中,工人完成基本工作所消耗的时间(如搭脚手架、制作、绑扎钢筋、灌注混凝土等),也就是完成能生产一定产品的施工工艺过程所消耗的时间,是直接与施工过程的技术作业发生关系的时间消耗。基本工作时间的消耗与生产工艺、操作方法、工人的技术熟练程度有关,并与任务的大小成正比。

辅助工作时间是指与施工过程的技术作业没有直接关系,而是为保证基本工作的顺利进行而做的辅助工作所消耗的时间。辅助工作不能使产品的形状、性质、结构位置等发生变化。例如:工作过程中工具的校正和小修;机械的调整;机械的上油;搭设小型脚手架等所消耗的时间均为辅助工作时间。

准备与结束时间是指基本工作开始前或完成后进行准备与整理等所需消耗的时间。通常与工程量大小无关,而与工作性质有关。一般分为班内准备与结束时间和任务内准备与结束时间。班内准备与结束工作时间常具有经常的每天工作时间消耗的特点,如领取材料和工具、工作地点的布置、检查安全技术措施、调整和保养机械设备、工地交接班等。任务内的准备与结束时间,与每个工作日交替无关,仅与具体任务有关,多由工人接受任务的内容决定,如接受任务书、技术交底、熟悉施工图纸及施工后交工等工作。

②休息时间。是工人在工作过程中,为了恢复体力所必需的短暂休息时间,以及由于本身生理需要(喝水、上厕所等)所消耗的时间。休息时间是为了保证工人精力充沛地进行工作,所以应作为定额时间。休息时间的长短与劳动条件、劳动强度、工作性质等有关,例如在高温、高空、重体力以及有毒性条件下工作时,休息时间应长一些。

③不可避免的中断时间。是指由于施工过程中技术、组织或施工工艺特点等原因,以及独有的特性而引起的不可避免的或难以避免的工作中断所必须消耗的时间。如汽车驾驶员在汽车装卸货时消耗的时间;架桥机架设桥梁时安装工人等待的时间;电气安装工由一根电杆转移到另一根电杆的时间等。

(2)损失时间(非定额时间)

损失时间是指与产品生产无关,而与施工组织、技术上的缺陷有关,与工人在施工过程中的个人过失或某些偶然因素的有关的时间消耗。属于非定额时间。

①多余或偶然工作时间。是指在正常施工条件下,作业者进行了多余的工作或由于偶然情况下,作业者进行任务以外的作业(不一定是多余的)所消耗的时间。所谓多余工作,就是工人进行任务以外的而又不能增加产品数量的工作,如重砌质量不合格的浆砌片石基础,对已灌注的混凝土进行修补等。所谓偶然工作也是工人在任务外进行的工作,但能够获得一定产品。如电工铺设电缆时需要临时在墙上开洞,抹灰工不得不补上偶然遗留下来的墙洞等。从偶然工作性质看,在定额中不应考虑它所占用的时间,但是由于偶然工作能获得一定的产品,拟定定额时要适当考虑它的影响。

②停工时间。是指由于工作班内停止工作而造成的工时损失。停工时间,按其性质可分为施工本身造成的停工时间和非施工本身造成的停工时间两种。因施工本身造成的停工时间是指由于施工组织不善,材料供应不及时,准备工作不完善,工作地点组织不良等情况引起的停工时间。非施工本身造成的停工时间是指由于气候条件以及水源、电源中断引起的停工时间。

③违反劳动纪律而造成的工时损失。如工人在工作班开始和午休后的迟到、午饭前和工作班结束前的早退、擅自离开工作岗位、工作班内聊天或办私事以及由于个别人违章操作而引起其他工人无法正常工作的时间损失。违反劳动纪律的工时损失是不应存在的,所以也是定额不予考虑的。

2.机械工作时间消耗分析

建筑安装工程中,有很大一部分工作是由机械完成的。因此,在分析研究工作时间消耗时,不仅要对工人工作时间消耗进行研究,还应对机械工作时间消耗进行研究。

机械工作时间分析如图 3-2-3 所示。

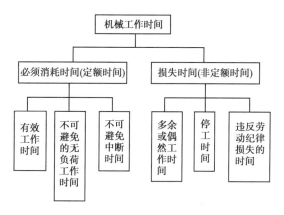

图 3-2-3 机械工作时间分析图

（1）必须消耗的时间（定额时间）

机械工作时间中，必须消耗的时间属于定额时间。包括有效工作时间，不可避免的无负荷工作时间和不可避免的中断时间。

①有效工作时间。是指机械生产出有品效产品所消耗的时间。一般包括：

正常负荷下的有效工作时间，它是机械与机械说明书规定的计算负荷相符的情况下进行工作的时间。在个别情况下，由于技术上的原因，机械又能在低于规定负荷的情况下工作，如载运质量轻而体积大的货物时，不能充分利用汽车的载重吨位，因而不得不降低负荷工作，此种情况下，仍视为正常负荷下工作，所消耗的时间也视为正常负荷下的有效工作时间。

降低负荷下的有效工作时间，是指由于施工管理人员或技术人员、工人的过错以及机械陈旧或发生故障等原因，使机械在降低负荷的情况下进行工作的时间。

②不可避免的无负荷工作时间。是由于施工过程、施工工艺上的特点和机械本身的原因造成机械在无负荷状态下作业的时间。例如，场地平整施工过程中，运土汽车单程放空；筑路机在工作区末端掉头；有些机械需经过一段空运转后，才能进行负荷作业。

不可避免的无负荷工作时间，一般分为循环的无负荷工作时间和定时的无负荷工作时间：

循环的不可避免的无负荷工作时间，是指由于施工过程的特性所引起的空转所消耗的时间。它在机械工作的每一个循环中重复一次，如：铲运机空载返回至铲土地点。

定时的不可避免无负荷工作时间，是指发生在重载汽车或挖土机等工作中的无负荷工作时间。如工作班开始和结束时来回无负荷的空运行或工作地段转移所消耗的时间。

③不可避免的中断的时间。是与施工工艺过程特点、工人休息、机械的使用保养有关的机械中断所消耗的时间。一般可分为以下3种：

a.与施工工艺过程特点有关的不可避免中断时间。又分为定时中断时间和循环中断时间。定时中断时间是指经过一定的时间重复一次工作中断所消耗的时间。比如，在现场焊接钢筋骨架时，电焊机由一个工作地点转移至另一个工作地点时的中断时间。循环的中断时间是机械每进行一次工作循环，则重复一次的工作中断所消耗的时间。如土方运输时，汽车装土或卸土时的中断时间。

b.工人休息时间。是机械操作人员由于疲劳和生理需要必须休息，而造成机械作业中断所消耗的时间。

c. 与机械有关的不可避免中断时间。是指由于工人进行准备与结束工作或辅助工作时,机械停止工作而引起的中断时间,以及对机械进行定期(或不定期)的维修保养时中断工作而消耗的时间。前者属于准备结束工作的不可避免中断时间,后者多属于定时的不可避免中断时间。

(2)损失时间(非定额时间)

机械工作时间消耗中的损失时间与工人工作时间消耗中的损失时间一样,也是由多余或偶然的工作时间、停工时间和违反劳动纪律损失时间组成,属非定额时间。

①多余或偶然的工作时间。多余或偶然的工作时间有两种情况:一是可以避免的机械无负荷工作,是指工人没有及时供给机械用料引起的空转;二是机械在负荷下所做的多余工作,如混凝土搅拌机在搅拌混凝土时超过规定的搅拌时间,即属多余工作时间。

②停工时间。主要是指由于施工组织不合理而引起的机械停工所损失的时间,以及施工系统外部条件引起的时间损失。

对工人或机械工作时间的组成和性质加以分析,是为了确定在施工过程中,哪些是必须消耗的时间,哪些是损失时间。从而在制订劳动定额或机械台班定额时,将所有的损失时间剔除,以提高定额的质量。

二、定额制订简介

(一)制订定额的原则

制订定额是一项细致而复杂的工作,必须遵循以下原则。

①定额要具有社会平均先进水平。既要考虑新技术的应用和先进操作方法的推广,又要从实际出发,考虑客观可能的条件,处理好数量、质量和安全三者的关系。有利于降低生产要素(劳动力、材料、机具设备)的消耗,提高劳动生产率。有利于考核工人的劳动成果,实现按劳分配原则,兼顾国家、企业和个人三者利益,并经过努力,多数企业和工人可以达到,先进企业和工人可以超额,少数企业和工人能够接近定额水平。还要照顾到各部门工种间的定额水平,力求协调平衡,避免出现明显的差距,苦乐不均。

②定额制订要正确及时。

③定额结构要简明适用。项目齐全,粗细恰当,步距合理,文字通俗,计算简便。

④定额编制要专群结合。坚持专职定额人员、工程技术人员和工人三结合,并以专职定额人员为主的原则,这是为定额质量提供组织保证。

(二)基本定额制订简介

1. 劳动定额的制订

制订劳动定额,通常采用技术测定法、比较类推法、统计分析法和经验估工法。

(1)技术测定法(也称计时观察法)

是在比较先进合理的技术条件和组织条件下,对施工过程的各工序工作时间的各个组成部分进行工作日写实和测时观察,详细地记录每一工序工人和机械的工作时间消耗、完成产品数量及有关影响因素,然后对记录结果进行整理、分析、计算,并研究各种因素的影响,剔除损失时间。通过测定直接获取制订定额的时间消耗和完成产品数量的全部资料,确定出定额标准数量。这种方法是一种典型调查的工作法。其依据充分、准确性高,是一种比较科学的方法,但费时费事。运用这种方法测定定额,应注意密切结合企业的生产特点、设备情况及工人的技术水平和熟练程度,充分做好发动工作,在依靠工人对提高劳动生产率的自觉性和广泛听取群众意见的基础上进行,防止单纯的计算和测定。要求测定人员做到:测定工作要真实严密,测定资料完整正确,结论意见先进合理。

（2）比较类推法（也称典型定额法）

是以生产同类型产品和工序的定额为依据,经过对比分析,推导出另一种产品或工序定额的方法。例如,隧道导坑开挖,导坑断面大小不同,但几何形状相似,围岩相同,施工方法一样,都用同一类型凿岩机开挖,同样的作业程序施工。只要确定出某种断面开挖的劳动定额,然后考虑断面大小的支撑和施工难易程度,就可以推导出开挖不同断面的劳动定额。

此法简单易行,工作量小,只要正确选择对比依据,经过比较细致的分析对比,定额的质量比采用经验估工和统计方法要高。但这种方法不能对定额的时间组成进行很好的全面分析,对挖掘潜力,提高劳动生产率的可能性估计不足,或因选择的典型性不够恰当,影响定额的质量。

（3）统计分析法

根据一定时期内,实际生产中消耗的工作时间与所完成产品数量的统计资料（如施工任务单、定额完成统计表、考勤表等）以及其他有关的原始记录（如小组日报、工班核算日报等）和原始凭证（如零星用工派工单、停工单等）,经过整理,并结合当前的施工组织、技术水平和生产条件,进行分析对比来制订定额。这种方法简便易行,比较常用。为了提高利用这种方法制订定额的正确性,必须加强企业管理,加强定额的基础工作,采取有效措施,健全定额完成统计台账,提高定额资料统计及分析工作的质量,提高原始记录和凭证的正确性。

（4）经验估工法

通过邀请有实践经验的老工人、施工技术人员、专职定额员进行座谈讨论,并参照有关的技术资料来制订定额。为使制订的定额符合实际情况,还应根据同类的现行定额和工时消耗的资料进行分析比较,并广泛吸取有经验的老工人和管理人员的意见,进一步研究确定。这种方法的特点是制订的工作过程较短,且简单易行。但其正确程度主要取决于参加评估的人员,其经验有一定的局限性。

上述制订劳动定额的方法,在实际工作中可根据具体情况,相互结合,灵活运用。

2. 材料消耗定额的制订

（1）主要材料和一次性材料消耗定额的制订

材料消耗定额是在施工过程中,通过对建筑材料进行消耗观察、试验室试验以及根据技术资料的统计和计算等方法,并考虑合理的损耗综合制订的。

①观察法。是在平均先进水平的原则下,选择先进的施工项目作为观察对象,其施工技术与组织要符合技术规范要求;材料的品种、型号、质量要符合设计要求;操作工人要合理使用材料;产品检验必须合格。观测前要充分做好准备工作,如选用标准的计量器具和运输工具,采取减少材料消耗的措施等。观测中要区分不可避免的材料损耗和可以避免的材料损耗,而后者不能包括在损耗定额内。对观察取得的单位产品消耗量,必须经过科学的研究和计算后,确定消耗标准,列入材料消耗定额。用这种方法能比较正确地确定施工过程中难以避免损耗数量,而这种损耗量用统计和计算方法是不可能得到的。如测定 M10 砂浆砌筑 10 m³ 片石基础或墩台身,水泥、砂子和其他材料的消耗,以及不可避免的损耗（如落地灰、运输损耗等）均可通过实地观察测定。

②试验法。是通过专门的仪器进行试验来确定材料消耗定额。这种方法只适用在实验室条件下测定。如根据实验室测定的不同标号混凝土配合比,计算出 1 m³ 混凝土的水泥、沙子、石子、水的用量。但是试验法不能取得施工现场条件下,各种客观因素对材料消耗量的影响值,因此,实际消耗量还要进行具体分析,如将理论配合比换算成施工配合比。

③统计法。根据长期积累的分部分项工程所需材料的发、退料及库存数量和完成产品的数量,来进行统计分析和计算、制订材料消耗定额。这种方法比较简单,但其准确性受统计资料的影响,有一定的片面性。采用此法,必须注意材料的耗用与耗用该材料的部位是否一致,确保各个不同部位的材料消耗数量以及统计资料的正确性,才能得到有效的统计数据。

④计算法。是通过施工图纸对结构构件及其所用建筑材料进行研究,用理论公式计算,或直接数数,或样板裁剪,或统筹下料,并考虑材料的合理损耗和周转性材料的摊销量来确定材料消耗限额。

(2)周转性材料消耗定额的制订

周转性材料也是施工作业用料,常称为施工手段用料。是指在施工中多次使用的各种工具性材料,如模板、支撑、拱架、脚手架、步行板等。它们在每次施工中会受到一些损耗,经过修理后可供下次施工继续使用。

周转性材料消耗定额的制订,主要是测定其周转次数。周转次数的多少,是根据不同的工程,不同的周转材料需要量(即一次使用量)为准,考虑每使用一次后的补充量、使用次数和返还量,通过计算来确定。

3.机械台班使用定额的制订

依据机械写实、测时和统计资料,以及机械工时分类标准、机械说明书和有关机械效能参考资料,制订机械台班使用定额。而机械写实、测时及统计资料可通过技术测定、经验座谈和统计分析等方法取得,与劳动定额制订方法基本相同。

任务三　定额的分类

📖 任务描述

本任务是对定额按生产要素和使用要求进行分类,通过本任务的学习,学生能够掌握劳动定额、材料消耗定额、机械台班使用定额的内容。并且了解施工定额、预算定额、概算定额的概念。

📖 问题思考

1.工程定额按生产要素分为哪几类?

2.什么是劳动定额? 它有几种表示方法? 它们之间有何关系?

3.工程定额按使用要求分为哪几类?

📖 相关知识

一、按生产要素分类

生产要素包括劳动者、劳动手段和劳动对象三部分。与其相对应的是劳动定额、机械台班使用定额和材料消耗定额。按生产要素分类是最基本的分类方法,它直接反映出生产某种质量合格的单位产品所必须具备的基本要素,所以本定额也称基本定额,是制订其他各种定额的基础,如图3-2-4所示。

图 3-2-4 按生产要素定额分类表

(一)劳动定额

劳动定额也称人工定额、工时定额或工日定额。它蕴含着生产效益和劳动力合理运用的标准,反映了建筑安装工人劳动生产率的平均先进水平,不仅体现了劳动与产品的关系,还体现了劳动配备与组织的关系。它是计算完成单位合格产品或单位工程量所需人工的依据。

1. 劳动定额

劳动定额是在正常的生产技术和生产组织条件下,完成单位合格产品所规定的劳动消耗量标准。劳动定额以时间定额或产量定额表示。

(1)时间定额

是指某种专业、某种技术等级工人班组或个人,在正常施工条件下,完成单位合格产品或单位工程量所必须的工作时间:

$$单位产品时间定额 = \frac{必须消耗的工日数}{生产量或工程量} \tag{3-2-1}$$

包括准备工作与结束工作时间、基本生产时间、辅助生产时间和工人的必须休息时间。时间定额的计算方法如下:

$$时间定额 = \frac{工作人数 \times 工作时间}{工作时间内完成的产量或工程量}$$
$$= \frac{劳动时间}{工作时间内完成的产量或工程量} \tag{3-2-2}$$

式中 工作人数——单位为人工(工或人);

工作时间——单位为 s、min、h、d;

劳动时间——单位为工秒、工分、工时、工日(工天)。

我国现行工作制度,每一工日(工天)按8 h计算,即:

1 工日(工天) = 8 工时 = 8×60 工分 = 8×60×60 工秒

生产量或工程量的单位,以单位产品或工程量的计算单位计算,如 m³、m²、m、t、块、根等。时间定额的计量单位以每单位产品或工程量所消耗的工日数表示,如工日/m³、工日/m²、工日/t、工日/块等。

（2）产量定额

是指在正常施工条件下，某种专业、某种技术等级工人班组或个人，在单位时间内所应完成的合格产品数量或工程量。产量定额的计量单位是以单位工日完成合格产品或工程量的计量单位表示，如 $m^3/工日、m^2/工日、t/工日、块/工日$ 等。其计算方法如下：

$$单位时间产量定额 = \frac{生产量或工程量}{必须消耗的工日数} \tag{3-2-3}$$

$$班组单位时间产量定额 = \frac{班组产量}{必须消耗的班组成员工日数总和} \tag{3-2-4}$$

（即班组平均每工日产量）

或
$$产量定额 = \frac{工作时间内完成的产量或工程量}{工作人数 \times 工作时间}$$

$$= \frac{工作时间内完成的产量或工程量}{劳动时间} \tag{3-2-5}$$

$$班组产量 = \frac{必须消耗的班组成员工日数总和}{班组单位产品时间定额} \tag{3-2-6}$$

例 3-2-1 某土方工程二类土，挖基槽的工程量是 450 m^3，每天有 24 名工人负责施工，时间定额为 0.205 工日/m^3，试计算完成该分项工程的施工天数。

解：①计算完成该分项工程所需的总劳动量

总劳动量 = 450×0.205 = 92.25（工日）

②计算施工天数

施工天数 = 92.25/24 ≈ 3.84（取 4 d）

即该分项工程需 4 天完成。

2.时间定额与产量定额的关系

①从上述可以看出，时间定额与产量定额互为倒数。它们的关系如下：

$$时间定额 \times 产量定额 = 1 \tag{3-2-7}$$

或
$$时间定额 = \frac{1}{产量定额} \tag{3-2-8}$$

或
$$产量定额 = \frac{1}{时间定额} \tag{3-2-9}$$

由此可见，通过时间定额就能求出产量定额。例如，人力土方装卸汽车，装松土，工日定额为 1.5 工日/10 m^3，则工日产量为

$$\frac{1}{1.5 \text{ 工日}/10 \text{ } m^3} \approx 0.666（10 \text{ } m^3/工日）$$

②时间定额与产量定额成反比关系。时间定额降低，产量定额则相应增加，反之亦然。它们的关系如下：

$$时间定额降低百分率（\%） = \frac{产量定额增加百分率}{1+产量定额增加百分率} \tag{3-2-10}$$

$$产量定额提高百分率（\%） = \frac{时间定额降低百分率}{1-时间定额降低百分率} \tag{3-2-11}$$

例如，人力土方装卸汽车，装松土，时间定额降低 10%，则产量定额提高 $\frac{0.1}{1-0.1} \times 100\%$ =

11.1%。那么,每工日应多装松土 0.74 m^3($0.111 \times 6.666 \approx 0.74$ m^3)。也就是说,人力挖松土,由于时间定额降低了 10%,则每工日产量由 0.66(10 m^3/工日)提高到 0.74(10 m^3/工日)。

(二)材料消耗定额

1.材料消耗定额的组成

材料消耗定额是在合理使用材料的条件下,完成单位合格产品或单位工程量所必须消耗的一定规格的建筑材料、半成品或构配件的数量标准。所谓合格产品或工程量是指质量、规格等方面要符合国家标准、部颁标准或省、自治区、直辖市的标准。材料消耗定额的计量单位是以生产单位产品或工程量所需材料的计量单位表示。如片石混凝土所需水泥、砂子、石子、片石的计量单位分别为"t"和"m^3"。

材料消耗定额包括直接用于产品生产或工程施工的材料净用量及不可避免的工艺和非工艺性的材料损耗(包括料头、装卸车散失)。前者称为材料的净消耗定额(d_j)也称净定额。这是生产某一产品或完成某一施工过程的有效消耗量。后者称为材料的损耗定额(d_u),但不包括可以避免的浪费和损失的材料。这是非有效消耗量。二者之和称为材料消耗总定额(d_x),也叫材料消耗定额。用公式 $d_x = d_j + d_u$ 表示。

例如,浇筑混凝土构件,所需混凝土材料在搅拌、运输、浇筑过程中产生不可避免的零星损耗,以及振捣体积变得密实,凝固后体积发生收缩等,因此,每立方米混凝土产品实际需耗用 $1.01 \sim 1.02$ m^3 的混凝土材料。

2.材料损耗量

(1)材料损耗分类

①运输损耗:指材料在运输过程中所发生的自然损耗。这种从生产厂或供料基地运输到工地库所发生的损耗不包括在材料消耗定额中,应列入材料采购保管费内。

②保管损耗:指材料在保管过程中所发生的自然损耗。这种损耗也不包括在材料消耗定额中,应列入材料采购保管费内。

③施工损耗:指在施工过程中,现场搬运、堆放及施工操作中不可避免的材料损耗以及残余材料损耗和废料损耗等。这些损耗应包括在材料消耗定额内。

(2)材料损耗量计算

施工过程中材料损耗一般用损耗率表示。材料损耗率有两种计算方法:

①材料损耗率
$$K_总 = \frac{D_u}{D_x} \times 100\% \qquad (3\text{-}2\text{-}12)$$

②材料损耗率
$$K_净 = \frac{D_u}{D_j} \times 100\% \qquad (3\text{-}2\text{-}13)$$

因此,材料损耗量也有两种计算方法:
$$D_u = D_x \times K_总 \qquad (3\text{-}2\text{-}14)$$
$$D_u = D_j \times K_净 \qquad (3\text{-}2\text{-}15)$$

式中　D_x——材料总耗量;

　　　D_u——材料损耗量;

　　　D_j——材料净用量。

$K_{总}$ 和 $K_{净}$ 相差甚微,可认为 $K_{总} = K_{净} = K$,则 K 称为材料消耗率。

3. 材料总耗量

$$D_x = (1+K)D_j \quad\quad (3\text{-}2\text{-}16)$$

4. 周转性材料消耗定额

以上公式适用在使用过程中一次性消耗尽的材料消耗量计算。在城市轨道工程中材料消耗定额还有一种表现形式为材料周转定额。材料周转定额为周转性材料在施工中合理周转使用的次数和用量。周转性材料在施工中,不是一次性消耗的材料,而是经过多次使用而不断消耗,并在使用中不断补充。周转材料消耗定额,应按多次使用,分次摊销的方法确定。周转性材料在材料消耗定额中,往往以摊销量表示。

摊销量是指周转材料使用一次在单位产品上的消耗量,即应分摊到每一单位分项工程或结构构件上的周转材料消耗量。

周转性材料消耗定额一般与下面 4 个因素有关:

①一次使用量:第一次投入使用时的材料数量。

②损耗率:在第二次和以后各次周转中,每周转一次因损坏不能复用,必须另作补充的数量占一次使用量的百分比,又称平均每次周转补损率。用统计法和观测法来确定。

③周转次数:按施工情况和过去经验确定。

④回收量:平均每周转一次平均可以回收材料的数量,这部分数量应从摊销量中扣除。

$$一次使用量 = 材料净用量 \times 摊销系数 \quad\quad (3\text{-}2\text{-}17)$$

$$摊销系数 = 周转使用系数 - (1-损耗率) \times 回收价值率 \times 100\% / 周转次数 \quad (3\text{-}2\text{-}18)$$

$$周转使用系数 = (周转次数 - 1) \times 损耗率 \times 100\% / 周转次数 \quad\quad (3\text{-}2\text{-}19)$$

$$回收价值率 = 一次使用量 \times (1-损耗率) \times 100\% / 周转次数 \quad\quad (3\text{-}2\text{-}20)$$

$$周转材料摊销量 = 一次使用量 \times 摊销系数 \quad\quad (3\text{-}2\text{-}21)$$

建筑材料种类繁多,数量庞大。基本建设中,材料费在工程造价中占 35% ~ 40%。材料消耗量是节约还是浪费,对产品价值或工程造价有决定性影响。在一定的产品数量和材料质量的情况下,材料的需要量和供应量主要取决于材料消耗定额。先进合理的材料消耗定额,可以起到对物资的消耗和监督,保证材料的合理供应和使用,减少材料积压,使限额领料卡真正起到限额的作用。同时材料消耗定额还是制订概、预算定额中材料数量及其费用的基础资料。

(三)机械台班使用定额

机械台班使用定额也称机械设备使用定额。它标志着机械生产率的水平,用它计算出完成合格产品或工程量所需用的机械台班数量。

1. 机械台班使用定额的表示形式

机械台班使用定额以机械时间定额和机械产量定额两种形式表示。

①机械时间定额(也称机械台班时间定额) 是指在正常施工条件下,规定某种机械设备完成质量合格的单位产品或单位工程量所需消耗的机械工作时间。包括有效工作时间,不可避免的空转时间和不可避免的中断时间。其计算方法如下:

$$机械时间定额 = \frac{机械台数 \times 机械工作时间}{工作时间内完成产品数量或工程量} \quad\quad (3\text{-}2\text{-}22)$$

式中 机械台数——计量单位为台或机组；

机械工作时间——计量单位为班、h、min、s。

机械台数与机械工作时间相乘之积为机械工作时间消耗量,计量单位为台班、机组班、台时、台分、台秒。一个台班表示一台机械工作一个工作班(8 h),一个台时表示一台机械工作 1 h,其余类推。

1 台班 = 8 台时 = 8×60 台分 = 8×60×60 台秒

产品数量或工程量的计量单位应能具体正确地表示产品工程量的形体特征,如 m^3、m^2、km、t 等。

机械时间定额一般以台班(或台时)/产品或工程的计量单位表示,如台班/m^3、台时/m^3,台班/km 等。

②机械产量定额(也称机械台班产量定额)是指在正常施工条件下,规定某种机械设备在单位时间(台班或台时)内应完成质量合格的产品数量或工程量。其计算方法如下：

$$机械产量定额 = \frac{工作时间内完成的产品数量和工程量}{机械台班数×机械工作时间} \tag{3-2-23}$$

机械产量定额的计算单位,以产品或工程的计量单位/台班(或台时)表示。例如：挖掘机挖土产量定额与机械产量定额的计量单位为 m^3/台班或 m^3/台时。

2.机械时间定额与机械产量定额的关系

机械时间定额与机械产量定额两者的关系互为倒数。即

$$机械时间定额×机械产量定额 = 1 \tag{3-2-24}$$

或

$$机械时间定额 = \frac{1}{机械产量定额} \tag{3-2-25}$$

或

$$机械产量定额 = \frac{1}{机械时间定额} \tag{3-2-26}$$

例 3-2-2 55 kW 推土机普通推土,运距 10 m 的台班产量定额,查定额为 2.86 (100 m^3/台班)。

解：台班时间定额 $= \dfrac{1}{2.86(100 \ m^3/台班)} = 0.35$ 台班/100 m^3

二、按使用要求分类

(一)施工定额

施工定额是直接用于建筑施工管理中的一种定额。它是由劳动定额、材料消耗定额、机械台班使用定额 3 部分组成。它是指在一定的施工生产技术组织条件下,为完成一定计量单位的合格产品或工程量所必须消耗的人工、材料、机械台班数量标准。根据它可以直接计算出各种工作项目所需劳动工日、材料和机械台班数量。

施工定额是以同一性质的施工过程为标定对象,并以工序定额为基础,由工序定额综合成工作过程定额和复合过程定额,可直接用于施工生产中。而工序定额是以个别工序(或操作)为标定对象,比较零散,除用作编制个别工序的施工任务单外,一般不直接用于施工生产,也不出现在施工定额中。例如,石方开挖施工定额的标定对象包括钻眼、爆破、清理等工作过程。因此石方开挖施工定额是一个由钻眼工作过程定额、爆破工作过程定额、清理工作过程定额综合而成的复合过程定额。而每一工作过程是由若干工序组成,如钻眼工作过程

包括选炮位、检查钻具、接、拆、收风、水管、钻眼、取送钢钎等工序,并由这些工序定额综合成钻眼工作过程定额。

(二)预算定额

1. 预算定额的概述和构成

预算定额反映了国家、建设单位和施工企业三者在生产活动中的经济关系。国家和建设单位按预约定额的规定为某项工程提供物力和资金,施工企业则利用上述资财组织生产,保质、保量、按期完成工程任务。

预算定额是在施工定额的基础上,综合施工定额工作细目为预算定额的工作细目,并且纳入已经应用的新技术、新工艺,按照合理的施工组织和正常的施工条件编制的。定额中所采用的施工方法和工程质量标准,是根据现行技术规范、规程和标准确定的。它比施工定额有综合性。如钢筋混凝土工程,在施工定额中分得较细,将其分成模板、钢筋、混凝土三大部分,模板又分制作、安装、拆除,钢筋又分制作、绑扎,另外脚手架的搭拆、模板整修在施工定额中都是单列的。而预算定额中钢筋混凝土工程将模板、钢筋、混凝土综合制订了一个总的钢筋混凝土定额,有的还包括了搭拆脚手架和整修模板,因此,使用时较施工定额方便。

施工定额可以把劳动定额、材料消耗定额、机械台班使用定额分别编制,并可分别使用和贯彻执行。而预算定额是一个整体,它是由四部分组成:

①工作内容与计量单位:对定额表中数据所包含的内容进行描述,查定额时须认真阅读与理解。

②工料机消耗标准:一定计量单位的分部分项工程或结构构件的人工、材料和机械台班数量标准。

③基价:一定计量单位的分部分项工程或结构构件的人工费、材料费和机械使用费合计价格。

"基价"意即基期合计价格,是指在定额编制时,以某一年为基期年,以该年某一地区(如北京)工、料、机单价为基础计算的完成定额计量单位的合格产品所需要的人工费、材料费、机械使用费的合计价值。

④质量:一定计量单位的分部分项工程或结构构件所消耗的主要材料的质量。

"质量"说明完成一定计量单位合格产品所需要的全部建安材料质量,但不包括水及施工机械的动力消耗(油料及燃料)的质量,以吨为计量单位,主要用于计算材料运杂费。

2. 预算定额种类

建设工程包括范围极广,各类工程都有各自的预算定额。如铁路、公路、矿山、井巷、水利、市政、房屋等工程都有其独立的工程预算定额。

考虑区域性特点,预算定额分为全国统一预算定额和地区统一预算定额两大类。前者是由国家建设委员会或主管部门制订,如《全国统一安装工程预算定额》《铁路工程预算定额》《公路工程预算定额》《煤炭矿山井巷工程预算定额》《城市轨道交通工程预算定额》等。后者是地方政府(各省、自治区、直辖市)制定的预算定额,如《吉林省城市轨道交通工程计价定额》。

(三)概算定额

概算定额(也称扩大结构定额或综合预算定额)是确定一定计量单位的扩大分部工程、

结构构件或扩大分项工程的人工、材料和机械台班消耗数量及其基价费用标准。其结构和形式与预算定额基本一样。

概算定额是以预算定额为基础,适当地将预算定额中分部分项工程或结构构件中有关的几个项目,综合扩大成一个项目。

例如,桥涵工程挖孔桩,预算定额是按钻孔、混凝土浇筑、泥浆和钻渣外运、钢筋笼制、安、钢护筒埋设等分别列算。而概算定额则综合扩大成钻孔桩。

(四)概算指标

概算指标是以整个建筑或整个分部工程为单位而规定的人工、材料和机械台班消耗指标及其基数费用标准。它是在概算定额和预算定额的基础上编制的。

概算指标与概算定额相比,其综合性能更强。例如,轨道车站土建工程,概算定额分基础、墙体、金属结构、钢筋混凝土柱、梁、楼地面、屋面、门窗以及其他工程,各分部工程又分为若干分项工程。预算定额则分得更细更具体。而概算指标是以成形的房屋建筑面积 100 m^2 为单位编制,将上述分部分项工程综合在内,只要根据房屋设计建筑面积,即可按概算指标算出房屋工、料、机费用及所需工日、主要材料、机械台班数量,但精确性较差。

(五)估算指标

估算指标也称投资估算指标,是通过对已交付使用的各种不同地形条件,不同设计标准的建设项目的主要工程量及概算和决算资料进行分析研究,并在概算指标的基础上扩大计量单位,增加费用内容而制定的各有关专业工程量和建设费用的消耗指标。

数据是根据各种预概算和决算资料,经过整理研究分析归纳计算而得,所以,它实际上是个概括性很强的统计分析指标。例如,桥梁每延长米造价,是根据该构成全部预概算总价值或竣工决算总价除以全长得出的;桥梁每延长米各种主要材料消耗量,是根据该构成预概算或竣工决算中某种材料总的消耗量除以该桥全长得出。

任务四 定额的应用

📖 任务描述

定额是进行工程计价的基本依据,通过本任务,学生可以掌握定额的使用方法,能够正确套用定额及进行定额换算。

📖 问题思考

1. 定额有什么作用?

2. 正确使用定额应注意哪些事项?

3. 在什么情况下才能套用定额或需进行定额换算? 套用定额应注意哪些问题?

4. 查《城市轨道交通工程预算定额》(GCG 103—2008),写明下列工作项目定额编号、工日消耗量、各材料消耗量、各机械台班消耗量以及基价。

①铺轨机铺设轨道50钢轨,25 m 长钢轨;碎石道床;钢筋混凝土枕,1 600 根/km;弹性Ⅰ型扣件。

②人力挖土,架子车运100 m。

5.某小桥为挖孔基础,桩孔人工开挖,卷扬机提升、松土、280 m³,架子车运至离孔口110 m处堆弃,计算桩孔开挖所需工日、材料、机械台班需要量及其工、料、机预算基价费用。

📖 相关知识

一、城市轨道交通工程定额

定额是确定一定计量单位的分项工程或结构构件的人工、材料、机械台班消耗量的标准。

现行城市轨道交通工程定额,有全国统一使用的预算定额,如住房和城乡建设部标准定额研究所编制的《城市轨道交通工程预算定额》(GCG 103—2008),也有各省、自治区编制的地方预算定额,如《吉林省城市轨道交通工程计价定额》(JLJD—GD—2017)。

二、定额的作用

①定额是编制单位估价表和施工图预算,合理确定工程造价的基本依据。

②定额是国家对基本建设进行计划管理和认真贯彻执行"厉行节约"方针的重要工具之一。

③定额是编制工程竣工决算的依据。

④定额是建筑安装企业进行经济核算与编制施工作业计划的依据。

⑤定额是编制概算定额和概算指标的基础资料。

⑥定额是编制招标控制价格、投标报价的依据。

⑦定额是编制施工组织设计的依据。

综上所述,定额对合理确定工程造价,实行计划管理,监督工程拨款,进行竣工决算,促进企业经济核算,改善经营管理以及推行招投标制度等方面都有重要的作用。

三、预算定额的组成及基本内容

(一)预算定额的组成

全国统一的《城市轨道交通工程预算定额》(GCG 103—2008)共分10册,第1册《路基、围护结构及地基处理工程》、第2册《桥涵工程》、第3册《隧道工程》、第4册《地下结构工程》、第5册《轨道工程》、第6册《通信工程》、第7册《信号工程》、第8册《供电工程》、第9册《智能与控制系统安装工程》、第10册《机电设备安装工程》。

(二)预算定额的基本内容

预算定额一般由目录,总说明,册、章说明,定额项目表,分部分项工程表头说明,定额附录组成。

1.目录

目录主要用于查找,将说明、各类工程的分部分项定额顺序列出并注明页数。

2. 总说明

总说明综合说明了定额的编制原则、指导思想、编制依据、适用范围以及定额的作用,定额中人工、材料、机械台班用量的编制方法,定额采用的材料规格指标与允许换算的原则,使用定额时必须遵守的规则,定额在编制时已经考虑和没有考虑的因素和有关规定、使用方法。在使用定额前,应先了解并熟悉这部分内容。

3. 册、章说明

册、章说明是对各章、册各分部工程的重点说明,包括定额中允许换算的界限和增减系数的规定。

4. 定额项目表及分部分项表头说明

定额项目表是预算定额最重要的部分,每个定额项目表列有分项工程的名称、类别、规格、定额的计量单位、定额编号、定额基价以及人工、材料、机械台班等的消耗量指标。有些定额项目表下列有附注,说明设计与定额不符时如何调整,以及其他有关事项的说明。

分部分项表头说明列于定额项目表的上方,说明该分项工程所包含的主要工序和工作内容。

5. 定额附录

附录是定额的有机组成部分,包括机械台班预算价格表,各种砂浆、混凝土的配合比以及各种材料名称规格表等,供编制预算与材料换算用。

四、预算定额的应用

(一)正确使用定额的注意事项

在工程建设中,定额的应用非常广泛,编制估算、概算、预算、决算都要用到定额,合理的施工组织设计也要用到定额。要使定额在基本建设中发挥作用,除定额本身先进合理外,还必须正确应用定额,绝不可忽视。正确使用定额须注意以下几方面。

①首先要学习和理解定额的总说明和分部工程说明及附注、附录、附表的规定。这是定额的核心部分。因为它指出了定额编制的指导思想、原则、依据、适用范围、使用方法、调整换算、已考虑和未考虑的因素,以及其他有关问题。对因客观条件需据实调整换算的情况也做了规定。

例如,城市轨道交通工程桥涵工程预算定额说明中,打桩工程部分支出定额中均为打直桩,如打斜桩(包括俯打、仰打)斜率在 1:6 以内时,人工消耗量乘以系数 1.33,机械消耗量乘以系数 1.43。

②掌握分部分项工程定额所包括的工作内容和计量单位。在使用定额前,必须弄清一个工程由哪些工作项目组成,每个项目的工作内容是否与定额的工作内容一致,定额的计量单位是否采用扩大计量单位,如 10 m^3、100 m^2 等。当每个项目的工作内容与定额包含的工作内容一致时,才能直接使用相应定额。

③弄清定额项目表中各子项目工作条目的名称、内容和步距划分。然后以定额的计量单位为标准,将该工程各个项目按定额子目栏的工作条目逐项列出,做到完整齐全,不重不漏。

例如,在城市轨道交通工程预算定额中,推土机推运土是按≤60 kW、≤75 kW、≤90 kW、

≤105 kW、≤135 kW、≤165 kW 推土机推运松土、普通土、硬土≤20 m,增运 10 m 划分的。施工土方工程应按使用推土机功率、土质、运距列项。

④了解定额项目表中人工、材料、机械台班名称、耗用量、单价和计量单位。

⑤熟悉工程量计算规定及适用范围。按规定和适用范围计算工程数量,有利于统一口径。

例如,土石方工程定额的单位均为设计图示尺寸的天然密实体积(自然方),槽沟、基坑和一般土石方的划分:底宽 7 m 以内,底长大于底宽 3 倍以上的为沟槽;底长小于底宽 3 倍以内,底面积在 150 m² 以内的为基坑;厚度在 300 mm 以内就地挖、填土为平整场地。超过上述范围的土、石方按挖土方和石方计算。在计算工程数量时,工作条目与定额条目要对口,计量单位要一致,以保证正确使用定额,避免计算错误。

⑥对于分项工程的内容,应通过深入施工现场和工作实践,理解其实际含义,只有对定额内容了解深透,再确定工作条目,套用、换算定额或编制补充定额时,才会快而准确。

(二)定额的套用

当设计要求与定额条件相符时,可直接套用定额(即直接查找定额)。套用时应注意以下几点。

①正确选用定额条目。根据设计图纸要求及说明,选择与工作项目内容相符的定额条目,并对其工程内容、技术特点和施工方法仔细核对,做到内容不漏、不重、不错。

②核对计量单位。条目选择好后,核对并调整所列工作项目的计量单位,使之与定额条目的计量单位相一致。

③明确定额中的用语、符号及定额表中括号内数据的含义,区分"以内""以外"和"以上""以下"的含义。

④注意定额的换算。当工程设计与定额内容部分不相符,而定额允许换算时,要先对套用的定额进行必要的换算后才能使用。

例 3-2-3 人工挖一二类土方 1 000 m³,试确定套用的定额子目编号、人工工日消耗量及所需人工工日的数量。

首先把工程计算中的数量换算成与定额中的单位一致。

查《城市轨道交通工程预算定额》(GCG 103—2008),人工挖一二类土方定额编号:[1–001],定额计量单位是 m³,人工工日消耗量 0.23 工日/m³,工程数量为 1 000 m³,所需人工工日数量为 1 000×0.23＝230 工日。

(三)定额的换算(或称定额抽换)

当工作项目与定额内容部分不相符时,则不能直接套用定额,应在定额规定的范围内,根据不同情况加以换算。

1. 设计的规格、品种与定额不符时的换算

当设计要求的规格、品种与定额规定不同时,须先换算使用量,再按其单价换算价值。由此看来,预、概算定额的换算实际上是预、概算价格的换算。

①砂浆或混凝土强度等级,设计与定额规定不符时,应根据砂浆或混凝土设计标号在"混凝土、钢筋混凝土、水泥砂浆用料表"中,查出应换入的用料数,并考虑工地搬运、操作损

耗量及混凝土凝固后体积收缩等,或在"预算定额"中,查与设计强度等级相同项目的混凝土、钢筋混凝土、水泥砂浆的用料数(已考虑了损耗量等)。应换出的用料数为定额表中的数量,然后进行换算。

②砂浆或混凝土的集料粒径,设计与定额规定不符时,须按砂浆或混凝土强度等级调整水泥用量。例如,铁路工程预概算定额中,混凝土、钢筋混凝土、浆砌石及砂浆的水泥用量,系按中粗砂编制的,如实际使用细砂时,应按基本定额调整水泥用量。

例 3-2-4　陆上桥墩(墩高≤30 m)C30 混凝土顶帽施工,使用细砂,调整此工作项目定额水泥用量。

解:此工作项目预算定额,10 m³ 圬工消耗普通水泥 42.5 级 4 233 kg。使用细砂时,可查定额普通混凝土及钢筋混凝土等配合比用料表,C30 混凝土 1 m³(碎石粒径 25 mm 以内)配合比中水泥用量,用中粗砂时为 490 kg,用细砂时为 514 kg。

则用细砂时,定额水泥用量应调整为 $423.3 \times \dfrac{514}{490} = 444.03$ kg/m³。

③钢筋混凝土定额中的钢筋数量、规格,当设计与定额规定不符,使实际钢筋含量与定额中钢筋含量相差超过±5%,应先按设计要求调整定额钢筋数量,再用钢筋制作及绑扎定额调整定额工日、有关材料数量、机械台班数,并用定额单价计算其价值。不是因设计原因造成不符,如钢筋由粗代细、螺纹钢筋代替圆钢筋或型号改变,因此而增加的钢筋费用,不能编入定额价值内。

2.运距换算

例 3-2-5　根据《城市轨道交通工程概算定额》,计算挖掘机装土自卸汽车运土方,运距 13 km 的定额基价。

解:《城市轨道交通工程概算定额》第一册路基、桥涵工程,1-30,挖掘机装土自卸汽车运土方,运距≤10 km(基本运距),基价 21 167.46 元/1 000 m³;1-32,增运 1 km,基价 1 506.38 元/1 000 m³。

则此定额基价为 $21\ 167.46 + 1\ 506.38 \times \dfrac{13-10}{1} = 25\ 686.6$(元/1 000 m³)

3.断面换算

定额中确定的构件断面,是根据选择有代表性的不同设计标准,经过分析、研究、综合、加权计算确定的,称为定额断面。实际设计断面与定额断面不符时,应按定额规定进行换算。例如,《定额》规定,当实际开挖断面与定额开挖断面不一致,且相差±5% 以上时,各工序的时间定额标准应乘以 $\dfrac{实际断面}{标准断面}$ 的系数。

4.厚度与宽度换算

如防护层的厚度(沥青混凝土、沥青砂浆的厚度)、抹灰层厚度、道砟桥面人行道宽等,有的定额表中划分为基本厚度或宽度和增减厚度或宽度定额,但设计厚度与定额不符时,可按设计要求和增减定额对基本厚度或宽度的定额基价进行调整换算。

5.系数换算

当实际施工条件与定额规定不符时,应按定额规定的系数进行调整。

例如,隧道工程中土石方水平运距是按最远开挖点距工作井 800 m 以内考虑的。若最远开挖点距工作井在 800 ~ 1 200 m 以外内,超过 800 m 部分土石方水平运输机械消耗量乘以系数 1.15;若最远开挖点距工作井在 1 200 m 以外,超过 1 200 m 部分土石方水平运输机械消耗量乘以系数 1.25。

6. 周转次数换算

当材料的实际周转次数达不到规定的周转次数时,定额表中周转材料的定额用量应予以抽换,按照实际的周转次数重新计算其实际定额用量,即

$$实际定额用量 = \frac{规定的周转次数}{实际的周转次数} \times 规定的定额用量 \qquad (3-2-27)$$

7. 体积换算

例如,在"预算定额"中明确了开挖与运输数量以天然密实体积计算,填筑数量以压实体积计算,因此,在土石方调配与套用定额时要进行天然密实体积与压实体积的换算,换算系数见表 3-2-2。

表 3-2-2　土方体积换算表

虚方体积	天然密实度体积	夯实后体积	松填体积
1.00	0.77	0.67	0.83
1.20	0.92	0.80	1.00
1.30	1.00	0.87	1.08
1.50	1.15	1.00	1.25

该系数已经包含了因机械施工需要两侧超填的土石方数量。计算工程数量一律以净设计数量为准。特别应注意除填石路基采用石方系数外,以石代土的填方工程也应采用石方系数,因而使用定额时需进行详细的土石方调配并区分填料的性质。

例 3-2-6 某段城市轨道区间路基工程,挖方(天然密实断面方)5 000 m³,全部利用。填方(压实后断面方)10 000 m³,假设路基挖方和填方均为普通土,则路基挖方作为填料压实后的数量为 5 000/1.15 = 4 348 m³。需外借土方 10 000 - 4 348 = 5 652 m³(压实后断面方),即可理解为挖土 5 000 m³,压实土方 4 348 m³,尚借土填方 5 652 m³,而这 5 652 m³ 计算挖方工作量时又需乘以 1.15 的系数。

总之,定额换算,必须在定额规定的条件下进行。如果定额规定不允许换算,不得强调本部分的特点,任意进行换算。例如,在定额总说明中规定,周转性的材料、模板、支撑、脚手杆、脚手板和挡板等的数量,按其正常周转次数,已摊入定额内,不得因实际周转次数不同调整定额消耗量。又如,定额中各项目的施工机械种类、规格型号系按一般情况综合选定,如施工中实际采用的种类、规格与定额不一致时,除定额另有说明者外,均不得换算。

五、补充定额

随着基本建设事业的不断发展,新结构、新技术、新工艺、新材料、新设备不断出现,设计不断更新,因此会出现设计要求与定额条件不一致或完全不符或缺项的情况,这就需要制订补充定额,即补充单价分析,并随同设计文件一并送审。

制订补充定额的方法有两种,一种是按前面讲的定额制订原则,用测定或综合分析法制订。通常材料用量是按设计图纸的构造、做法及相应的计算公式进行计算,并加入规定的材

料损耗;人工工日是按劳动定额或类似定额计算,并合理考虑劳动定额中未包括而在一般正常施工情况下又不可避免的影响因素和零星用工等;机械台班数量是按机械台班使用定额或类似定额计算,并考虑定额中未包括而在合理的施工组织条件下,尚存在的机械停歇因素所造成的机械台班损失,经有关技术人员、定额人员和工人分析讨论,确定其工作项目的工、料、机耗用量,然后分别乘以工人工资标准、材料预算价格及机械台班单价,即得到补充定额基价。另一种方法是套用或换算相近的定额项目。一般人工和机械台班数量及费用和其他材料费可套相近的项目,而材料消耗量可按设计图纸进行计算,再加入规定的材料损耗,或通过测定确定,最后利用单价分析表得出相应的补充定额。

任务五　企业定额

📖 任务描述

企业定额是施工企业根据本企业的施工技术和管理水平,以及有关工程造价资料确定的供本企业使用的人工、材料、机械台班消耗量。通过本任务,学生能了解企业定额的必要性、编制企业定额的意义以及企业定额的发展方向。

📖 问题思考

1. 编制企业定额有何意义?

2. 编制企业定额应注意哪些事项?

3. 在什么情况下才能套用定额或需进行定额换算? 套用定额应注意哪些问题?

📖 相关知识

一、企业定额的概念与作用

企业定额是企业按照国家有关政策、法规以及相应的施工技术标准、验收规范、施工方法的资料,根据现行自身的机械装备状况、生产工人技术操作水平、企业生产(施工)组织能力、管理水平、机构的设置形式和运作效率以及可能挖掘的潜力情况,自行编制、审查、批准、颁发,并在本企业贯彻执行的,供企业内部进行经营管理、成本核算和投标报价的企业内部文件。

企业定额不仅能反映企业的劳动生产率和技术装备水平,同时也是衡量企业管理水平的标尺,是企业加强集约经营、精细管理的前提和主要手段,其主要作用有:

①它是编制施工组织设计和施工作业计划的依据。

②它是企业内部编制施工预算的统一标准,也是加强项目成本管理和主要经济指标考核的基础。

③它是施工队和施工班组下达施工任务书和限额领料、计算施工工时和工人劳动报酬的依据。

④它是企业走向市场参与竞争,加强工程成本管理,进行投标报价的主要依据。

⑤它是工程量清单计价的必然产物,建立和应用企业定额可以促进企业的发展,提高其企业的管理水平。

二、制订企业定额的必要性

①每个企业的施工条件与统一定额中所考虑的施工条件差别较大,例如,各企业的施工班组所在地区、工种、要求、素质不尽相同,如执行统一定额,会出现不均和分配上的不合理。

②定额起着经济杠杆的作用。如企业受统一定额的限制,不能灵活调整定额水平,也就不能很好地发挥其经济杠杆作用。定额中偏高的项目,其任务往往很难布置下达,偏低的项目,不利于企业劳动生产率的提高,这就需要有企业的定额来协调。

③统一定额的使用周期一般很长,不能适应客观形势变化的需要,尤其是新技术、新工艺、新材料、新设备的不断开发采用,统一定额难以满足施工需要。

④实行招标承包制后,如果各企业都以统一定额为基础来投标报价,则报价水平无大差别,就失去了投标竞争和招标择优的意义。

可见,虽然有国家统一定额和地方统一定额,但为了提高经营管理水平,适应招投标及工程管理的需要,企业依据自身的特点、条件编制企业定额是十分必要的。

三、企业定额的种类

1. 企业施工定额

它是根据企业的具体施工条件和工人技术熟练程度,按工种,分工序或工作过程或复合过程制定的劳动定额、机械作业定额和材料消耗定额的总称。

2. 企业预算定额

①企业设计预算定额。由符合本企业条件的统一预算定额和企业补充设计预算定额两部分组成。它是编制预算单价的定额。作为工程局向银行结算工程价款和经济核算的依据。

②企业内部核算预算定额(简称内部核算定额)。是企业补充的内部扣除一定比例后的核算预算定额和符合本企业条件的统一定额。它是工程公司对下承包的预算单价,也是对各工程公司下达计划,实行经济承包责任制及工程公司经济核算的依据。

3. 企业现行定额

企业在基期(一年)内日常施工生产中执行的定额,是企业当前生产技术、管理水平的综合反映,它随着生产的发展,工人技术熟练程度的提高而改变,可分现行施工定额和现行预算定额。

4. 企业不变定额

指企业现行预算定额保持一定时期(3~5年)不变,主要用于编制工程(或产品)不变价格(基价),计算建筑安装工作量(或产值),是衡量企业历年劳动生产率增长程度的依据。

5. 企业目标定额

包括:①在正常的施工生产、技术组织条件下,制订本企业某分部分项工程(或产品),在今后一段时间内(3~5年)要求达到的人力、物力、财力消耗指标或生产能力指标,作为本企业奋斗目标。②施工生产劳动竞赛中提出的奋斗目标。

6. 企业设计定额

它是企业编制施工组织设计所使用的定额。

7.企业投标定额

它是企业根据历年来本企业已达到的平均水平,并参与国家预算定额编制,作为投标报价用的预算定额。投标定额不是固定不变的,随投标项目的变化而变化。随行就市,以提高工程的中标率。

四、企业定额的编制

(一)编制企业定额的意义

①提高定额的适用性。全国地域辽阔,施工条件各不相同,只有因地制宜,结合本企业、本工程的具体情况制订企业定额,才能使各专业公司之间、工程之间的定额趋于合理,保持相对平衡。

②充分发挥定额的能动作用。企业可视情况需要,用企业定额来调节施工进程,调剂分配,探索更好的施工方法,劳动组织,使定额发挥最大的能动作用。

③提高定额的实时性。定额的修订要及时,不能过快、过早,也不能过慢、过晚。当企业认为定额需要修订时,可以组织力量及时编制,按期颁发。这比修编统一定额快得多。

④提高投标竞争力。要使企业定额的投标报价富有竞争力,必须以企业自己的定额为计算基础进行编制,反映本企业独特的能力,这样能使中标率提高。

⑤促进企业内部管理。企业内部各管理层实行经济承包责任制时,须以定额指标为准,层层分解下达,进行考核,各业务部门也要用定额进行指标计算和业务核算。

⑥能加强和促进定额的建设工作。以往各企业多注重定额的贯彻执行、考核与管理工作,而放松定额的技术测定、资料积累、分析研究、编制修订等建设工作,通过制订企业定额,促进和提高了企业对定额的管理,定额的建设工作也随之得到充实和提高,有利于全国和地方统一定额的修编工作。

(二)编制企业定额的原则

作为企业定额,必须体现以下特点:

①企业定额各单项的平均造价要比社会平均价低,体现企业定额的先进合理性,至少要基本持平,否则,就失去企业定额的实际意义。

②企业定额要体现本企业在某方面的技术优势,以及本企业的局部管理或全面管理方面的优势。

③企业定额的所有单价都实行动态管理。定期调查市场,定期总结本企业各方面业绩与资料,不断完善,及时调整,与建设市场紧密联系,不断提高竞争力。

④企业定额要紧紧联系施工方案、施工工艺并与其能全面接轨。

⑤独立自主编制。主要是自主地确定定额水平,自主划分定额项目,自主地根据需要增加新的定额项目。但是企业定额仅是一定时期内企业生产力水平的反映,它是动态的,它不可能也不应该与历史割断,因此企业定额在工程量计算规则、项目划分规定和计量单位等方面应与国家规定保持一致。

企业定额不是简单地把传统定额或行业定额的编制手段用于编制施工企业的内部定额,它的形成和发展同样要经历从实践到理论、由不成熟到成熟的多次反复检验、滚动、积累,在这个过程中,企业的技术水平在不断发展,管理水平和管理手段,管理体制也在不断更新提高。可以这样说,企业定额生产的过程,就是一个快速互动的内部自我完善的进程。

(三)编制企业定额的注意事项

①要有一定的立法手续。企业内部必须制定定额管理办法、规定定额的编制、审查、批准、颁发的程序和权限,维护企业定额的法律性和严肃性。企业所属的单位和个人不得擅自修改。

②掌握好定额的水平。企业定额水平既要考虑到调动职工积极性,又要考虑严格控制在国家和地方统一定额内,以此为前提制定出企业平均先进的定额。

③项目划分要有粗有细,简明适用。企业定额既要适应投标承包和经济责任制的实行,又要满足签发工程任务单、进行班组核算等基层管理的需要。其项目划分既要有综合的施工定额,以满足公司对项目队按分部、分项工程承包考核之用,又要有工序或工作过程定额,以满足项目队对班组实行计件工资或班组内部分配使用。

④内容和形式多种多样。不仅有直接施工中人工、机械、材料消耗定额,还应有其他各种时间、人力、物力、财力的消耗定额。如工期定额、生产能力定额、定员定额、固定资产利用定额、资金利用定额等。达到凡能实行定量控制的,都制定有定额,加以控制。

⑤及时制定。企业定额必须及时制定,如果不及时,有可能出现定额制定下来,工程已基本完成,甚至结束的情况,就失去了制定企业定额的意义。

⑥注意保密。企业定额的编制应根据情况做好保密工作,特别是投标定额,这是为了在投标竞争中保持本企业优势的需要。

五、企业定额的发展方向

企业定额在个性化方面已经比仍按定额模式组价处理工程量清单有了较大进步,但由于企业定额的起步一般是源于地方定额或行业定额,经企业消化吸收变动过来的,因此从内容到形式上都不可避免地受到地方定额或行业定额有关游戏规则的影响;对具体工程项目的个性特点的体现,仍然相对缺少;政府对企业的各项管理制度,与国际惯例的行业管理制度存在着差距,这种相互间的不协调,也不可避免地影响到编制企业定额时对管理费用的考虑。

根据目前建设市场经济的发展要求,现行的地方定额或行业定额已不能满足市场要求。实行工程量清单报价的基本思路就是"统一量、市场价、竞争费",由企业自主报价,最终由市场形成价格。这就要求每个施工企业要及时调整思路,紧跟市场,尽早制定适合本企业适应新形势的企业定额,不断提高企业竞争力。

制定一套完整的企业定额,要充分利用计算机技术,去完成原始数据资料的收集、整理、分析等任务。地方定额或行业定额的采样范围较一个企业要广泛得多,企业定额的数据采集,主要是自己的资料;企业定额要充分体现企业的个性,但同时又要反映企业不同时期、不同地点、不同特点的各个工程项目的共性;随着计算机软件业的飞速发展,计算机完全可以帮助企业为制定自己的企业定额创造一个良好的技术支持环境,使企业能随时准确地记录好相关资料。另外,由于当前我国建筑造价管理处于一个多种计价方式并存的局面,因此,企业定额要尽可能做到多种计价模式都能兼容。

模块四　计价专业知识

项目一 工程量清单计价

🔍 学习目标

1. 了解工程量清单的概念。
2. 了解工程量清单计价的概念。
3. 熟悉工程量清单的编制依据和一般规定。
4. 熟悉工程量清单计价的编制依据和一般规定。
5. 掌握工程量清单的编制内容和步骤。
6. 掌握工程量清单计价的编制内容和步骤。

任务一 工程量清单概述

📖 任务描述

通过本任务,学生能够了解工程量清单的概念,掌握工程量清单内容组成以及编制方法。

📖 问题思考

1. 什么是工程量清单?
2. 工程量清单包括哪些内容?
3. 简述工程量清单项目编码结构。

📖 相关知识

改革开放前,我国建设工程造价行业一直采用从苏联引进的定额计价模式,是计划经济体制下政府对工程项目投资进行管理和分配的制度,价格受政府控制,施工单位不存在竞争,无利益差别。1983—2003 年,随着我国市场经济的发展,国家颁布了招投标法,对招投标程序进行了规范。建筑市场环境的不断变化,传统的定额计价模式弊端开始显现,工料单价不能反应工程的实际成本和企业自身的综合水平。随着我国加入 WTO,建设工程市场进一步开放与国际惯例接轨的需要,我国开始实行工程量清单计价。2003 年建设部与国家质量监督检验检疫总局以国家标准的形式发布了《建设工程工程量清单计价规范》(GB 50500—2003),自 2003 年 7 月 1 日起实施。到 2023 年,历经了 3 版,分别是 2003 版、2008 版和 2013版。要求全部使用国有资金投资或国有资金投资为主的大中型建设工程应执行本规范,并实行工程量清单报价。

一、工程量清单的概念

工程量清单是表现拟建工程的分部分项工程项目、措施项目、其他项目名称和相应数量,以及规费、税金项目内容的明细清单。它是工程计价的依据;是注有拟建工程实物工程名称、性质、特征、数量、单位等情况的文件;是招标文件的组成部分。

工程量清单的描述对象是拟建工程,并以表格为主要表现形式。其编制人是具有编制招标文件能力的招标人或受其委托具有相应资质的工程造价咨询单位。一经中标且签订承发包合同,即成为合同的组成部分。

二、工程量清单的编制依据

①《建设工程工程量清单计价规范》(GB 50500—2013)、《城市轨道交通工程工程量计算规范》(GB 50861—2013)。

②国家或省级、行业建设主管部门颁发的计价定额和办法。

③建设工程设计文件及相关资料。

④与建设工程有关的标准、规范、技术资料。

⑤拟定的招标文件。

⑥施工现场情况、地勘水文资料、工程特点及常规施工方案。

三、工程量清单编制的一般规定

①招标工程量清单应由具有编制能力的招标人或受其委托、具有相应资质的工程造价咨询人员编制。

②其他项目、规费和税金项目清单应按现行国家标准《建设工程工程量清单计价规范》(GB 50500—2013)的有关规定进行编制。

③在编制工程量清单时,当出现《城市轨道交通工程工程量计算规范》(GB 50861—2013)附录中未包括的清单项目时,编制人应做补充。在编制补充项目时应注意以下 3 个方面:

a.补充项目的编码应按《城市轨道交通工程工程量计算规范》(GB 50861—2013)的规定确定。具体做法如下:补充项目的编码由代码 08 与 B 和三位阿拉伯数字组成,并应从08B001 起顺序编制,统一招标工程的项目不得重码。

b.在工程量清单中应附补充项目的项目名称、项目特征、计量单位、工程量清单计算规则和工作内容。

c.将编制的补充项目报省级或行业工程造价管理机构备案。

四、工程量清单的内容

工程量清单作为招标文件的组成部分,一个最基本的功能是作为信息的载体,以便投标人能对工程有全面的了解。从这个意义上讲,工程量清单的内容应全面、准确。工程量清单由以下内容组成:封面、扉页、总说明,分部分项工程项目清单,措施项目清单,其他项目清单及相关明细表,规费和税金项目清单。工程量清单采用统一格式。

(一)封面、扉页

应按统一格式规定的内容填写、签字、盖章。封面有招标单位、造价咨询单位盖章;扉页有招标单位、造价咨询单位盖章以及其法定代表人或授权人签字或盖章,还有负责工程量清单编制的造价员以及负责审核的造价工程师签字和盖专用章。

(二)清单编制说明

①工程概况:包括建设规模、工程特征(结构形式、基础类型等)、计划工期、施工现场情况、交通运输情况、自然地理条件、环境保护要求等。

②工程招标和专业工程分包范围。

③工程量清单编制依据。

④工程质量、材料、施工等的特殊要求。

⑤招标人自行采购材料(工程设备)的名称、规格型号、数量等。

⑥其他项目清单中暂列金额、材料或专业工程暂估价等。

⑦其他需要说明的问题。

(三)分部分项工程量清单

分部分项工程量清单包括项目编码、项目名称、项目特征、计量单位和工程数量。城市轨道交通工程项目分部分项工程量清单编制根据《城市轨道交通工程工程量计算规范》(GB 50861—2013)采用统一的项目编码、项目名称、计量单位和工程量计算规则,这是分部分项工程量清单编制的"四统一"原则。

1.项目编码

项目编码以五级编码设置,用十二位阿拉伯数字表示。一、二、三、四级编码统一;第五级编码由工程量清单编制人区分具体工程的清单项目特征而分别编码。各级编码代表的含义如下:

①第一级编码:一至二位,为专业工程编码。建筑与装饰工程为01、仿古建筑工程为02、通用安装工程为03、市政工程为04、园林绿化工程为05、矿山工程为06、构筑物工程为07、城市轨道交通工程为08、爆破工程为09,以后进入国标的专业工程代码以此类推。

②第二级编码:三至四位,为《城市轨道交通工程工程量计算规范》(GB 50861—2013)附录分类顺序码。

③第三级编码:五至六位,为分部工程顺序码。

④第四级编码:七至九位,为分项工程项目名称顺序码。

⑤第五级编码:十至十二位,为具体清单项目名称顺序码。

项目编码结构如图4-1-1所示。

图 4-1-1　项目编码结构

当同一标段(或合同段)的一份工程量清单中含有多个单位工程且工程量清单是以单位工程为编制对象时,工程量清单项目编码十至十二位的设置不得有重码。

2. 项目名称

分部分项工程量清单项目的名称,按《城市轨道交通工程工程量计算规范》(GB 50861—2013)附录中的项目名称结合拟建工程的实际确定。项目名称如有缺项,招标人可按相应的原则进行补充,并报当地工程造价管理部门备案。

3. 项目特征

项目特征是对项目的准确描述,是确定一个清单项目综合单价不可缺少的重要依据,在编制工程量清单时,必须对项目特征进行准确和全面的描述。但有些项目特征用文字往往又难以准确和全面地描述清楚,因此,为达到规范、简洁、准确、全面描述项目特征的要求,在描述工程量清单项目特征时应按以下原则进行:

①涉及正确计量的内容必须描述。比如基础施工时,不同基础材料所需工作面宽度不同,关系到工程量的计算。

②涉及正确计价的内容必须描述。如混凝土的强度等级、挖土深度、弃土运距、钢轨类型等,均与工程量清单计价有关。混凝土等级不同,单价不同;挖土深度、弃土运距、钢轨类型不同,基价不同。

③对计量、计价没有实质影响的可以不描述,如道床的长度和厚度可以不描述,因为道床的工程量是以图示尺寸按 m³ 计算。

④应由投标人根据施工方案确定的可以不描述,如泥浆护壁成孔灌注桩的成孔方法,可由投标人在施工方案中确定,自主报价。

⑤无法准确描述的可以不详细描述。如由于地质条件变化比较大,在清单编制时无法准确描述土壤类别,可注明由投标人根据地质勘探资料确定,自主报价。

⑥如施工图纸或标准图集能够全部或部分满足项目特征描述的要求,项目特征可直接采用详见××图集或××图号的方式。

⑦《城市轨道交通工程工程量计算规范》(GB 50861—2013)中一个项目有多个计量单位时,清单编制人可以根据具体情况选择。如"080201008-泥浆护壁成孔灌注桩"的计量单位有 m、m³、根,清单编制人可以选择其中之一作为计量单位,同一工程项目的计量单位应一致。附录中"泥浆护壁成孔灌注桩"有 6 个项目特征:地层情况、空桩长度及桩长、桩径、成孔方法、护筒类型及长度、混凝土种类及强度等级,若以 m 为计量单位,项目特征描述时可不描述桩长,但必须描述桩径;若以 m³ 为计量单位,项目特征描述时可不描述桩长、桩径;若以根为计量单位,项目特征描述时就需要描述桩长、桩径。

4.计量单位

计量单位应采用基本单位,按《城市轨道交通工程工程量计算规范》(GB 50861—2013)中规定的计量单位确定。除各专业另有特殊规定外,均按以下单位计量:

①以质量计算的项目——吨或千克(t 或 kg)。

②以体积计算的项目——立方米(m^3)。

③以面积计算的项目——平方米(m^2)。

④以长度计算的项目——米(m)。

⑤以自然计量单位计算的项目——个、套、块、樘、组、台、项等。

各专业有特殊计量单位的,再另外加以说明。

工程计量时每一项目汇总的有效位数应遵循下列规定:

①以"t""km"为单位,应保留小数点后三位数字,第四位小数四舍五入。

② "m""m^2""m^3""kg"为单位,应保留小数点后两位数字,第三位小数四舍五入。

③以"个""件""根""组""系统"为单位,应取整数。

5.工程内容

它是指完成该清单项目发生的具体内容,可供招标人确定清单项目和投标人投标报价参考。凡工程内容中未列全的,由投标人按招标文件或设计施工图要求编制,以完成清单项目为准,综合考虑到报价中。

6.工程量计算

它主要是通过工程量计算规则得到。工程量计算规则是指对清单项目工程量的计算规定。除另有说明外,所有清单项目的工程量应以实体工程量为准,并以完成后的净量计算;投标人报价时,应在单价中考虑施工中的各种损耗和需要增加的工程量。

(四)措施项目清单

措施项目是为完成工程项目施工,发生于该工程施工准备和施工过程中的技术、生活、安全、环境保护等方面的项目,包括施工技术措施和施工组织措施。

《城市轨道交通工程工程量计算规范》(GB 50861—2013)将措施项目划分为两类:一类是不能计算工程量的项目,如文明施工和安全防护、临时设施等,就以"项"计价,称为"总价项目";另一类是可以计算工程量的项目,如脚手架、降水工程等,就以"量"计价,更有利于措施费的确定和调整,称为"单价项目"。城市轨道交通工程常见的措施项目清单可根据拟建工程的具体情况参照表4-1-1列项。

表4-1-1 措施项目

项目编码	项目名称
总价措施项目	
081311001	安全文明施工(含环境保护、文明施工、安全施工、临时设施)
081311002	夜间施工
081311003	二次搬运
081311004	冬雨季施工
081311005	地上、地下设施,建筑物的临时保护设施

续表

项目编码	项目名称
081311006	已完工程及设备保护
单价措施项目	
N.1 围堰及筑岛	
081301001	围堰
081301002	筑岛
N.2 便道及便桥	
081302001	便道
081302002	便桥
081302003	临时路面铺盖系统
N.3 脚手架	
081303001	单排脚手架
081303002	双排脚手架
081303003	满堂脚手架
N.4 支架	
081304001	桥梁支架
N.5 洞内临时设施	
081305001	洞内通风设施
081305002	洞内供水设施
081305003	洞内供电及照明设施
081305004	洞内通信设施
081305005	洞内外临时轨道铺设
N.6 临时支撑	
081306001	临时混凝土支撑
081306002	临时钢支撑
N.7 施工监测、监控	
081307001	施工监测、监控
N.8 大型机械设备进出场及安拆	
081308001	大型机械设备进出场及安拆
N.9 施工排水、降水	
081309001	成井
081309002	排水、降水
N.10 设施、处理、干扰及交通导行	

续表

项目编码	项目名称
081310001	大型预制梁场设施
081310002	铺轨基地设施
081310003	地下管线交叉处理
081310004	行车、行人干扰及交通导行增加

措施项目清单必须根据相关工程现行国家计算规范的规定编制。措施项目清单的编制需考虑多种因素，除工程本身的因素外，还涉及水文、气象、环境、安全等因素。由于影响措施项目设置的因素太多，计算规范不可能将施工中可能出现的措施项目一一列出。在编制措施项目清单时，因工程情况不同，出现计算规范附录中未列的措施项目，可根据工程的具体情况对措施项目清单进行补充。工程招标投标时，投标人调整补充措施项目必须在投标文件中标明。

（五）其他项目清单

其他项目清单应包括除分部分项清单项目和措施项目以外，为完成工程施工可能发生费用的其他项目。本任务仅提供了4项内容作为列项参考，不足部分可按工程的具体情况进行补充。

①暂列金额：招标人暂定并包含在合同中一笔款项。工程建设自身的特性决定了工程的设计需要根据工程进展不断进行优化和调整，业主需求可能会随工程建设进展而出现变化，工程建设过程中会存在一些不能预见、不能确定的因素，这些不确定因素会影响合同价的调整，暂列金额是应这类不可避免的价格调整而设立，以便达到合理确定和有效控制工程造价的目的。其数量应根据工程特点按有关计价规定估算。

②暂估价：招标阶段直至签订合同协议时，招标人在招标文件中提供的用于支付必然要发生但暂时不能确定价格的材料以及专业工程的金额。暂估价中的材料、工程设备暂估价应根据工程造价信息或参照市场价格估算，列出明细表；专业工程暂估价应分不同专业按有关计价规定估算，列出明细表。

③计日工：为了解决现场发生的零星工作的计价而设立的。这里的零星工作一般指合同约定之外或者因变更而产生的、工程量清单中没有相应项目的额外工作，尤其是那些时间不允许事先商定价格的额外工作。对完成零星工作所消耗的人工工时、材料数量、施工机械台班进行计量。需要列出项目名称、计量单位和暂估数量。

④总包服务费：为了解决招标人在法律、法规允许的条件下进行专业工程发包以及自行供应材料、工程设备，并需要总承包人对发包的专业工程提供协调和配合服务，对甲供材料、工程设备提供收、发和保管服务以及进行施工现场管理时发生并向总承包人支付的费用。清单中应列出服务项目及其内容等。

五、工程量清单的编制步骤

①按《建设工程工程量清单计价规范》（GB 50500—2013）的规定，根据拟定的招标文件，建设工程设计文件及相关资料，根据施工现场情况、地勘水文资料、工程特点及常规施工方案，按照《城市轨道交通工程工程量计算规范》（GB 50861—2013）列出分部分项清单项

目,并确定清单项目的项目特征,明确清单项目编码。

②按照《城市轨道交通工程工程量计算规范》(GB 50861—2013)规定的计算规则、计量单位和工作内容计算分部分项清单项目的工程量。

③按分部分项工程量清单与计价表的统一格式,编制分部分项工程项目清单。

④结合工程的实际情况,根据常规的施工方案,列出施工技术措施清单项目,并确定清单项目的项目特征、项目编码。

⑤按照《城市轨道交通工程工程量计算规范》(GB 50861—2013)规定的计算规则、计量单位计算施工技术措施项目的工程量。

⑥按施工技术措施项目清单与计价表的统一格式,编制单价措施项目清单。

⑦结合工程的实际情况,根据相关的施工规范及有关规定,列出施工组织措施清单项目,并确定清单项目编码。

⑧按施工组织措施项目清单与计价表的统一格式,编制总价措施项目清单。

⑨按照拟订的招标文件要求,明确暂列金额、材料或专业工程暂估价、计日工的项目及数量、总承包服务的内容,并按统一格式编制其他项目清单与计价表及相关的明细表。

⑩编制工程量清单说明、扉页、封面。

任务二　　工程量清单计价概述

📖 任务描述

通过本任务,学生能够了解工程量清单计价的概念,了解工料单价、综合单价、全费用单价的概念,掌握工程量清单计价内容组成及其各部分计价的编制方法。

📖 问题思考

1. 什么是工程量清单计价?

2. 措施项目中哪些必须列项并不可作为竞争性费用?

3. 简述工程量清单计价的一般规定。

4. 什么是工料单价? 什么是综合单价? 什么是全费用单价?

5. 简述措施费的确定方法。

6. 在工程量清单计价模式下,建筑安装工程总造价如何确定?

📖 相关知识

按照《建设工程工程量清单计价规范》(GB 50500—2013)的规定,以及依照工程量清单和综合单价法对建设工程进行计价的活动,称工程量清单计价。工程量清单计价就其计价内容而言,主要是计算完成工程量清单所需的全部费用,包括分部分项工程项目费、措施项目费、其他项目费、规费和税金。

建设工程工程量清单计价涵盖了建设工程发承包及实施阶段从招投标活动开始到工程

竣工结算办理的全过程。包括招标控制价的编制、投标报价的编制、合同价款的确定、合同价款的调整、合同价款期中支付、竣工结算与支付、合同解除的价款结算及支付等。

一、工程量清单投标报价的编制依据

①现行的建设工程计量、计价规范。

②国家或省级、行业建设主管部门颁发的计价办法。

③企业定额、国家或省级、行业建设主管部门颁发的计价定额和计价办法。

④招标文件、招标工程量清单及其补充通知、答疑纪要。

⑤建设工程设计文件及相关资料。

⑥施工现场情况、工程特点及投标时拟订的施工组织设计或施工方案。

⑦与建设项目相关的标准、规范等技术资料。

⑧市场价格信息或工程造价管理机构发布的工程造价信息。

⑨其他相关资料。

二、工程量清单投标报价的一般规定

①投标报价应由投标人或受其委托具有相应资质的工程造价咨询人编制。

②投标人应按投标报价的编制依据自主确定投标报价。

③投标报价不得低于工程成本。

④投标人必须按招标工程量清单填报价格。项目编码、项目名称、项目特征、计量单位、工程量必须与招标工程量清单一致。

⑤投标人的投标报价高于招标控制价的应予废标。

⑥招标工程量清单与计价表中列明的所有需要填写单价和合价的项目,投标人均应填写且每项只允许填写一个报价。未填写单价和合价的项目,可视为此费用已包含在已标价工程量清单中其他项目的单价和合价中。

⑦投标总价应与分部分项工程费、措施项目费、其他项目费、规费、税金的合计金额一致。

三、工程量清单投标报价文件的编制

工程量清单投标报价文件应采用统一格式,由封面、扉页、说明、建设项目投标报价汇总表、单项工程投标报价汇总表、单位工程投标报价汇总表、分部分项工程和单价措施项目清单与计价表、综合单价分析表、总价措施项目清单与计价表、其他项目计价表(其他项目清单与计价汇总表、暂列金额明细表、材料(工程设备)暂估单价表、专业工程暂估价表、计日工表、总承包服务费计价表)、规费、税金项目计价表、主要材料、工程设备一览表等组成。

(一)封面、扉页

应按统一格式规定的内容填写、签字和盖章。

(二)总说明

投标报价的总说明应包括下列内容:

①投标报价包括的工程内容。

②编制依据,并明确取费基数、工程类别、各项费率、人工材料机械价格取定等。

③工程质量等级、投标工期、环境保护要求等。

④拟订的主要施工方案,优越于招标文件中技术标准的备选方案的说明。

⑤其他需说明的问题。

(三)建设项目投标报价汇总表

①表头工程名称按招标文件的招标项目名称填写。

②表中单项/单位工程名称应按单项/单位工程投标报价汇总表表头的工程名称填写。

③表中金额按单项/单位工程投标报价汇总表的合计金额填写。

(四)单位工程投标报价汇总表

①表头的工程名称为单位工程名称。

②表中的金额分别分部分项工程量清单与计价表、措施项目清单与计价表、其他项目清单与计价表的合计金额填写,规费、税金按费用定额规定程序计算的金额填写。

(五)分部分项工程和措施项目清单与计价表

①分部分项工程和措施项目中的单价项目,应根据招标文件和招标工程量清单项目中特征描述确定综合单价的计算。

②综合单价中应包括招标文件中划分的应由投标人承担的风险范围及其费用,招标文件中没有明确的,应提请招标人明确。

③招标工程量清单中提供了暂估单价的材料或工程设备,按暂估的单价计入综合单价。

④表中综合单价应与工程量清单综合单价计算表或工料机分项表中相应项目的综合单价一致。

⑤表中的合价=清单项目工程数量×相应的综合单价。

(六)综合单价分析表

分析表中的项目编码、项目名称和分部分项工程和措施项目清单与计价表对应,使用省级或行业主管部门发布的计价依据时,要填写定额编号、定额项目名称等。招标文件提供了暂估单价的材料,按暂估的单价填入表内"暂估单价"及"暂估合价"栏。

(七)总价措施项目清单与计价表

措施项目中的总价项目金额应根据招标文件及投标时拟定的施工组织设计或施工方案,按建设工程工程量清单计价规范的有关规定自主确定。其中安全文明施工费必须按国家或省级、行业建设主管部门的规定计算,不得作为竞争性费用。

(八)其他项目计价表

①暂列金额应按招标工程量清单中列出的金额填写;

②材料、工程设备暂估价应按招标工程量清单中列出的单价计入综合单价;

③专业工程暂估价应按招标工程量清单中列出的金额填写;

④计日工应按招标工程量清单中列出的项目和数量,自主确定综合单价并计算计日工金额;

⑤总承包服务费应根据招标工程量清单中列出的内容和提出的要求自主确定。

(九)规费、税金项目计价表

规费和税金必须按国家或省级、行业建设主管部门的规定计算,不得作为竞争性费用。

四、工程量清单投标报价的编制步骤

(一)清单工程量的计算与复核

在实行工程量清单计价的工程中,工程量清单作为招标文件的组成部分,由招标人提供。投标人可直接据此编制报价,不用复核工程量。但投标人如果认为清单内容有不妥之处或未确定投标策略及把握索赔机会,则需重新计算和复核工程量。

另外,通过计算和复核清单工程量,可准确地确定材料、设备等资源数量,防止因超量、少购等带来的浪费、积压或停工待料。

投标人经复核工程量清单,发现有漏项、误算时,可参考计价规则的规定和合同的约定处理,或通过质疑的方式由清单编制人做统一的修改更正,招标人应将修正后的工程量清单发给所有投标人。

(二)分部分项工程清单计价

一方面取决于清单工程量,另一方面取决于清单项目单价。

1. 项目单价的费用组成

按单价的费用组成内容不同,可将项目单价分为工料单价、综合单价和全费用单价。

①工料单价:只包括人工费、材料费和机械费,管理费、利润和税金需另行计算,即

$$工料单价 = 人工费 + 材料费 + 机械费 \tag{4-1-1}$$

②综合单价:包含了完成一个规定计量单位分项工程所需的人工费、材料费和机械费、管理费和利润,并可以考虑风险因素。综合单价反映了承包人的收入,但它仍属于不完全单价。

$$综合单价 = 人工费 + 材料费 + 机械费 + 管理费 + 利润 + 风险 \tag{4-1-2}$$

③全费用单价:费用组成在综合单价基础上,再计入规费和税金。

$$全费用单价 = 人工费 + 材料费 + 机械费 + 管理费 + 利润 + 风险 + 规费 + 税金 \tag{4-1-3}$$

现阶段,我国清单项目单价一般采用综合单价。

2. 分部分项工程单价的确定步骤

①确定计算依据。

确定社会平均价格时,计算依据主要包括消耗量定额及其预算价格、拟建工程设计文件、拟建工程工程量清单、合理的施工方法及相关价格信息等。

确定工程个别价格时的计算依据,与确定社会平均价格不同的是应根据本企业实际消耗量水平,并结合拟定的施工方案确定完成清单项目需要消耗的各种人工、材料、机械台班的数量。在没有企业定额或企业定额缺项时,可参照与本企业实际水平相近的社会定额,并通过调整来确定清单项目的人、材、机单位用量。各种人工、材料、机械台班的价格,则应根据询价的结果和市场行情综合确定。

②分析清单项目的工程内容。

现行工程量清单计价规范对拟建工程项目子目的划分和企业定额中的项目子目划分不完全一一对应。需要清单计价编制人根据计价规范和工程量清单中的项目特征,结合施工现场情况和拟定的施工方案确定完成各清单项目实际应发生的工程内容,确定清单项目所包含的消耗量定额子目或企业定额子目。

③计算定额子目的工程量。

每一项工程内容都应根据所选定额的工程量计算规则计算其工程数量,当定额的工程量计算规则与计价规范的工程量计算规则相一致时,可直接以工程量清单中的工程量作为定额子目相应工程内容的工程数量。

④根据定额子目工程量确定相应的人工、材料、机械台班消耗量。

根据消耗量定额或企业定额中的子目工程量确定相应工程量所需人工、材料、机械台班消耗量。计算公式为:

$$\text{定额人工消耗量}=\text{定额子目工程量}\times\text{定额子目单位人工消耗量} \tag{4-1-4}$$

$$\text{定额材料消耗量}=\text{定额子目工程量}\times\text{定额子目单位材料消耗量} \tag{4-1-5}$$

$$\text{定额机械台班消耗量}=\text{定额子目工程量}\times\text{定额子目单位机械台班消耗量} \tag{4-1-6}$$

⑤确定相应定额子目人工工日、材料、机械台班单价。

⑥确定相应定额子目人工费、材料费、机械费。

$$\text{定额子目人工费}=\text{定额人工消耗量}\times\text{人工工日单价} \tag{4-1-7}$$

$$\text{定额子目材料费}=\text{定额材料消耗量}\times\text{材料单价} \tag{4-1-8}$$

$$\text{定额子目机械费}=\text{定额机械台班消耗量}\times\text{机械台班单价} \tag{4-1-9}$$

⑦确定清单项目的人工费、材料费、机械费。

$$\text{清单项目人工费}=\frac{\sum(\text{定额子目人工费})}{\text{清单项目工程量}} \tag{4-1-10}$$

$$\text{清单项目材料费}=\frac{\sum(\text{定额子目材料费})}{\text{清单项目工程量}} \tag{4-1-11}$$

$$\text{清单项目机械费}=\frac{\sum(\text{定额子目机械费})}{\text{清单项目工程量}} \tag{4-1-12}$$

⑧确定清单项目管理费、利润及风险费。

管理费、利润及风险费的确定,根据计费依据(取费基础)不同,计算方法不同。

⑨确定清单项目综合单价。

$$\text{清单项目综合单价}=\text{清单项目人工费}+\text{材料费}+\text{机械费}+\text{管理费}+\text{利润及风险费} \tag{4-1-13}$$

$$\text{或清单项目综合单价}=\sum\text{定额子目综合单价}/\text{清单项目工程量} \tag{4-1-14}$$

除采用上述方法确定清单项目单价以外,还可采用清单单位含量法。基本方法在计算人工费、材料费与机械使用费之前先计算每一计量单位的清单项目所分摊的定额子目的工程量,即清单单位含量。基本步骤如下:

$$\text{清单单位含量}=\text{某工程内容的定额工程量}/\text{清单工程量} \tag{4-1-15}$$

$$\text{清单项目人工消耗量}=\text{定额单位人工用量}\times\text{清单单位含量} \tag{4-1-16}$$

$$\text{清单项目材料消耗量}=\text{定额单位材料用量}\times\text{清单单位含量} \tag{4-1-17}$$

$$\text{清单项目机械台班消耗量}=\text{定额单位机械台班用量}\times\text{清单单位含量} \tag{4-1-18}$$

$$\text{清单项目人工费}=\text{清单项目人工消耗量}\times\text{人工工日单价} \tag{4-1-19}$$

$$\text{清单项目材料费}=\text{清单项目材料消耗量}\times\text{材料单价} \tag{4-1-20}$$

$$\text{清单项目机械费}=\text{清单项目机械消耗量}\times\text{机械台班单价} \tag{4-1-21}$$

分部分项工程量清单项目综合单价计算完成后,可进行分部分项工程量清单费用的计算,形成分部分项工程量清单与计价表。

$$分部分项工程量清单项目费 = \sum 分部分项工程量清单项目合价 =$$

$$\sum 分部分项工程量清单项目的工程数量 \times 综合单价 \qquad (4\text{-}1\text{-}22)$$

例 4-1-1 某地面城市轨道交通工程项目,招标工程量清单中有如表 4-1-2、表 4-1-3 所示的项目,填写该清单项目的计价表以及综合单价分析表(不计风险费用)。

表 4-1-2 分部分项工程清单与计价表(空)

序号	项目编码	项目名称	项目特征描述	计量单位	工程量	金额		
						综合单价	合价	其中
								暂估价
1	080101001001	挖一般土方	1. 三类土 2. 挖土深度 1.8 m	m³	9 500			—

表 4-1-3 综合单价分析表(空)

序号	项目编码	项目名称	计量单位	工程数量	综合单价	其中					合计
						人工费	材料费	机械费	企业管理费	利润	
1	080101001001	挖一般土方	m³	9 500							

解: 按照综合单价的计算步骤进行计算。

①确定施工方案。

某投标单位施工方案主要采用挖掘机挖土,占总土方量 95%,人工挖土占 5%。该清单项目应该有两项工作内容:挖掘机挖土并装车(三类土)和人工挖土方(三类土)。查《吉林省城市轨道交通工程计价定额》(2017 版)套用的定额子目分别为[G1-0013]、[G1-0002]。

②计算各项工作内容工程量。

机械挖土工程量 = 9 500×95% = 9 025(m³)

人工挖土方工程量 = 9 500×5% = 475(m³)

③确定各工作内容人、材、机的消耗量及单价。

查《吉林省城市轨道交通工程计价定额》(2017 版)确定人、材、机的消耗量及单价,如表 4-1-4 和表 4-1-5 所示。

表 4-1-4 机械挖土方(三类土)   单位:100 m³

名称		单位	单价/元	数量
人工	轨道工程综合工日	工日	130	0.51
材料	—	—	—	—

续表

名称		单位	单价/元	数量
机械	履带式推土机 75 kW	台班	872.42	0.021
	履带式单斗挖掘机 1.0 m³	台班	1 236.79	0.213

表 4-1-5　人工挖土方(三类土)　　　　　　　单位:100 m³

名称		单位	单价/元	数量
人工	轨道工程综合工日	工日	130	27.796
材料	—	—	—	—
机械	—	—	—	—

④计算各工作内容 1 个定额计量单位的人工费、材料费、机械费。

机械挖土方(定额计量单位 100 m³):

人工费 = 0.51×130 = 66.3(元)

材料费 = 0 元

机械费 = 0.021×872.42+0.213×1 236.79 = 281.76(元)

人工挖土方(定额计量单位 100 m³):

人工费 = 27.796×130 = 3 613.48(元)

材料费 = 0 元

机械费 = 0 元

⑤确定企业管理费、利润的费率,计算各工作内容 1 个计量单位的企业管理费、利润。

查《吉林省城市轨道交通工程费用定额》(JLJD—FY—2017)可知,企业管理费以直接工程费(人工费、材料费、机械费之和)为基数,费率为 6.02%;利润以直接工程费为基数,费率为 5%。

机械挖土方(定额计量单位 100 m³):

企业管理费 = (66.3+281.76)×6.02% = 20.95(元)

利润 = (66.3+281.76)×5% = 17.4(元)

人工挖土方(定额计量单位 100 m³):

企业管理费 = 3 613.48×6.02% = 217.53(元)

利润 = 3 613.48×5% = 180.67(元)

⑥计算清单项目人工费、材料费、机械费、企业管理费、利润单价。

a.挖一般土方项目人工费合计:66.3×90.25+3 613.48×4.75 = 23 147.61(元)

挖一般土方项目人工费单价:$\dfrac{23\,147.61}{9\,500} = 2.44$(元)

b.挖一般土方项目材料费合计:0 元

挖一般土方项目材料费单价:0 元

c.挖一般土方项目机械费合计:281.76×90.25+0×4.75 = 25 428.84(元)

挖一般土方项目机械费单价：$\dfrac{25\ 428.84}{9\ 500}=2.68$（元）

d. 挖一般土方项目企业管理费合计：$20.95\times90.25+217.53\times4.75=2\ 924.01$（元）

挖一般土方项目企业管理费单价：$\dfrac{2\ 924.01}{9\ 500}=0.31$（元）

e. 挖一般土方项目利润合计：$17.4\times90.25+180.67\times4.75=2428.53$（元）

挖一般土方项目利润单价：$\dfrac{2\ 428.53}{9\ 500}=0.26$（元）

⑦计算清单项目综合单价。

挖一般土方项目的人工费、材料费、机械费、企业管理费、利润单价之和即为该清单项目的综合单价。

挖一般土方项目清单综合单价：$2.44+0+2.68+0.31+0.26=5.69$（元）

将以上数值填入表，得到表 4-1-6、表 4-1-7。

表 4-1-6　综合单价分析表

序号	项目编码	项目名称	计量单位	工程数量	综合单价/元	其中					合计
						人工费	材料费	机械费	企业管理费	利润	
1	080101001001	挖一般土方	m³	9 500	5.69	2.44	0	2.68	0.31	0.26	54 055
2	G1-0002	人工挖土方三类土	100 m³	4.75	4 011.68	3 613.48	0	0	217.53	180.67	19 055
3	G1-0012	机械挖土方三类土	100 m³	90.25	369.01	66.3	281.76	0	20.95	17.4	33 303

表 4-1-7　分部分项工程清单与计价表

序号	项目编码	项目名称	项目特征描述	计量单位	工程量	金额/元		
						综合单价	合价	其中
								暂估价
1	080101001001	挖一般土方	1. 三类土 2. 挖土深度1.8 m	m³	9 500	5.69	54 055	—

（三）措施项目费的确定

1. 措施项目的确定与增减

招标人在编制招标控制价时，措施项目费可根据合理的施工方案和各措施项目费的参考费率及有关规定确定。

投标人在编制措施项目报表时，可根据施工组织设计采取的具体措施，在招标人提供的措施项目清单基础上，增减措施项目（对清单中列出而实际未采用的措施不填写报价表）措施项目的增减应按下列要求进行。

①根据施工组织设计确定环境保护、文明安全施工、材料的二次搬运以及夜间施工等项目。大型机具进出场及安拆、混凝土模板及支架、脚手架、施工排水降水、垂直运输及超高降效等项目。

②施工规范与工程验收规范要求而必须发生的技术措施项目。

③招标文件提出的某些必须通过一定的技术措施才能实现的要求。

④设计文件中提出的某些需要通过一定的技术措施才能实现的要求。

总之,措施项目的计划应以实际发生为准。措施项目的大小、数量也应根据实际设计确定,不要盲目扩大或减少,这是准确估计措施项目费的基础。

2.措施项目费的确定方法

措施项目是为工程实体施工服务的,不同措施项目其特点不同,费用确定方法也不同。措施项目清单计价分为施工技术(单价)措施项目计价和施工组织(总价)措施项目计价。

(1)施工技术(单价)措施项目计价

根据工程实际情况及施工方案确定施工技术措施项目,综合单价计算方法和分部分项工程综合单价确定方法相同,所以单价措施项目和分部分项工程项目用一个表格填写。

(2)施工组织(总价)措施项目计价

施工组织(总价)措施项目费用按取费基数乘以相应费率计算。投标单位根据工程实际情况,参照各省费用定额自行确定各项施工组织措施的费率。但是必须遵守相关的规则、规定。如安全文明施工费必须按国家或省级、行业建设主管部门的规定计算,不得作为竞争性费用。

总价措施清单项目费 $= \sum$ 各项总价措施费 $= \sum$ (计算基础×各项总价措施费费率)

按施工方案计算的措施费,若无"计算基础"和"费率",也可只填"金额"数值,但应在备注栏中说明施工方案出处或计算方法。

(四)其他项目清单计价

其他项目费分为两部分:招标人部分和投标人部分。招标人部分包括暂列金额、暂估价;投标人部分包括总承包服务费和计日工或其他项目需要增加并得到招标人许可的费用。其他项目清单与计价表中各项费用按下列规定报价:

①表中暂列金额应按招标人提供的暂列金额明细表的数额填写。

②材料、工程设备暂估价应按招标工程量清单中列出的单价计入综合单价。

③专业工程暂估价金额应按招标工程量清单中列出的金额填写。

④总承包服务费金额应按招标工程量清单中列出的内容和提出的要求自主确定。

⑤表中计日工金额应按招标工程量清单中列出的项目和数量,自主确定综合单价并计算计日工金额。

(五)规费、税金的确定

1.规费的确定

规费是指政府和有关部门规定必须缴纳的费用,包括:养老保险费、失业保险费、医疗保险费、生育保险费、工伤保险费、住房公积金、防洪基础设施建设资金、残疾人就业保障金、其他规费等。

根据规费的计算基础不同和计算方法不同,按国家或省级建设行业主管部门颁发的费用定额计算。

2. 税金的确定

为了适应国家税制改革要求,满足建筑业营改增后合理确定工程造价的需要,住房和城乡建设部规定建筑安装工程税金是国家税法规定计入建筑安装工程造价的增值税销项税额。

$$税金 = (分部分项工程费 + 措施项目费 = 其他项目费 + 规费) × 费率$$

税金费率按照国家或各省行业主管部门的规定计取。

(六)建筑安装工程总造价的确定

工程量清单计价模式下,管理费、利润被分摊到项目费中,所以建筑安装工程费的计算为:

$$单位工程造价 = 分部分项工程费 + 措施项目费 + 其他项目费 + 规费 + 税金$$

计算完成后形成单位工程投标报价汇总表、单项工程投标报价汇总表、建设项目投标报价汇总表。

(七)编制投标报价封面、扉页

按规定格式编制投标报价封面、扉页,完成投标报价文件的编制。

项目二   城市轨道交通工程清单计量与计价案例

🔍 **学习目标**

1.掌握工程量清单的编制步骤并进行工程量清单文件编制。

2.掌握工程量清单计价文件的编制步骤并进行清单计价文件编制。

任务一   路基、围护结构工程工程量清单文件编制

📖 任务描述

本任务是路基、围护结构工程项目工程量清单文件的编制,通过完成本任务,学生能够掌握工程量清单文件编制的流程以及具体编制知识。

📖 问题思考

1.工程量清单项目根据什么列项?

2.依据什么计算工程量?

📖 相关知识

一、划分项目

按《建设工程工程量清单计价规范》(GB 50500—2013)的规定,根据拟定的招标文件,建设工程设计文件及相关资料,根据施工现场情况、地勘水文资料、工程特点及常规施工方案,按照《城市轨道交通工程工程量计算规范》(GB 50861—2013)列出分部分项清单项目,并确定清单项目的项目特征,明确清单项目编码。

二、计算工程量

按照《城市轨道交通工程工程量计算规范》(GB 50861—2013)规定的计算规则、计量单位和工作内容计算分部分项清单项目的工程量。

三、示例

例 4-2-1   某市地铁工程车辆段 K1+225 ~ K1+300 采用放坡(1∶1)开挖+土钉支护,坡

面挂网 φ8@150×150,面层喷 150 mm 厚 C20 早强混凝土,土钉采用 φ25 钢筋@1 000×1 000 (土钉竖向排数按间距确定)钻孔直径 150 mm,钻孔深度 7 m,孔内注 M20 水泥砂浆。土壤三类土,土方外弃土运距 15 km。钢筋网片和加强筋、填方不计算。横剖面图和土钉支护如图 4-2-1 和图 4-2-2 所示。列出该段挖土方、土钉支护的工程量清单。

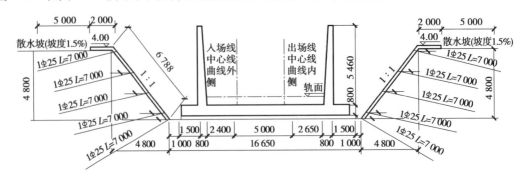

图 4-2-1　横剖面图

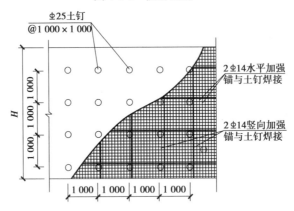

图 4-2-2　土钉支护正立面图

解: 按照《城市轨道交通工程工程量计算规范》(GB 50861—2013)列出分部分项清单项目,并确定清单项目的项目特征,明确清单项目编码。

规范附录 A 中规定沟槽、基坑、一般土方的划分标准:底宽≤7 m 且底长>3 倍底宽为沟槽;底长≤3 倍底宽且底面积≤150 m² 为基坑;超出上述范围则为一般土方。此案例沟底宽16.65 m,长 75 m,所以按《城市轨道交通工程工程量计算规范》规定挖土方项目名称为"挖一般土方";土钉支护项目名称即为"土钉";喷射混凝土项目名称即为"喷射混凝土(水泥砂浆)支护"。这三个项目的项目编码和项目特征见表 4-2-1。

表 4-2-1　分部分项工程列项表

序号	项目编码	项目名称	项目特征
1	080101001001	挖一般土方	1. 土壤类别:三类土 2. 挖土深度:4.8 m 3. 弃土运距:15 km

序号	项目编码	项目名称	项目特征
2	080104004001	土钉	1. 地层情况:三类土 2. 钻孔深度:7 m 3. 钻孔直径:150 mm 4. 杆体材料品种、规格、数量:φ25 钢筋 5. 浆液种类、强度等级:M20 水泥砂浆
3	080104007001	喷射混凝土(水泥砂浆)支护	1. 部位:边坡支护 2. 厚度:150 mm 3. 材料种类:混凝土 4. 混凝土类别、强度等级:C20 早强混凝土

计算式见表 4-2-2。

表 4-2-2　工程量计算表

序号	项目编码	项目名称	计算式	工程量	计量单位
1	080101001001	挖一般土方	$(16.65×2+4.8×2)×4.8/2×75=7\ 668$	7 668	m³
2	080104004001	土钉	横向$(6.788÷1+1)×2≈16$ 根 纵向$(75÷1+1)=76$ 根 两个坡面共$16×76=1\ 216$ 土钉总长 $1\ 216×7=8\ 512$ m	8 512	m
3	080104007001	喷射混凝土(水泥砂浆)支护	$(6.788+2)×2×75=1\ 318.2$	1 318.2	m²

完成分部分项工程清单与计价表,见表 4-2-3。

表 4-2-3　分部分项工程和单价措施项目清单与计价表

序号	项目编码	项目名称	项目特征	计量单位	工程量	金额	
						综合单价	合价
1	080101001001	挖一般土方	1. 土壤类别:三类土 2. 挖土深度:4.8 m 3. 弃土运距:15 km	m³	7 668		
2	080104004001	土钉	1. 地层情况:三类土 2. 钻孔深度:7 m 3. 钻孔直径:150 mm 4. 杆体材料品种、规格、数量:φ25 钢筋 5. 浆液种类、强度等级:M20 水泥砂浆	m	8 512		

续表

序号	项目编码	项目名称	项目特征	计量单位	工程量	金额	
						综合单价	合价
3	080104007001	喷射混凝土（水泥砂浆）支护	1.部位:边坡支护 2.厚度：150 mm 3.材料种类:混凝土 4.混凝土类别、强度等级:C20 早强混凝土	m^2	1 318.2		

任务二　城市轨道交通工程单位工程计价文件编制

📖 任务描述

掌握计价文件编制步骤,按清单计价模式编制城市轨道交通工程单位工程计价文件。

📖 问题思考

编制城市轨道交通工程清单计价文件的步骤是什么?

📖 相关知识

一、城市轨道交通工程单位工程清单计价文件编制步骤

①确定施工方案,按照《城市轨道交通工程工程量计算规范》(GB 50861—2013)中的项目列项或按已给的工程量清单把工程内容及数量分别划分入各个项目。工程数量的单位应与计算规范规定的单位一致。

②逐一查找与分部分项工程相对应的定额,将其编号、工程项目或费用名称、单位、数量、单价填入表内,计算合价。如有工程项目查不到相对应的定额,可以进行定额换算,如果没有换算定额,应当进行补充。

③根据企业能力和实际情况,确定各项目的人工、材料、机械单价,将需要调价的人工、材料、机械进行调价。

④根据费用组成,计算总价措施费、规费及税金,进而计算单位工程总造价。

目前,有多家专业公司开发计价软件,这些软件以国家或地方有关计价规定为基础,套用全国或各省轨道交通工程定额数据库开发的,只是在使用功能和操作上有所差别,即计价结果都是相同的。有了计价软件,上述的计价步骤也就简单快捷了。

二、城市轨道交通工程单位工程计价文件编制实例

例 4-2-2　某城市轨道工程,起讫桩号 1+140 ~ 2+940,工程项目包括土方工程和轨道工

程。其中土方工程土质为三类土,填方 595.5 m³,挖方 15 710.5 m³,余方要求外运至 7 km 处的弃置点,填方密实度要求达到 95%。

轨道工程为地面铺轨工程,碎石道床 8 500 m³,机械铺 50 kg 钢轨(25 m),混凝土枕(每千米 1 680 根已扣除道岔长度)和 12#单开道岔一组。

请按清单计价模式编制本工程项目的计价文件。

解: 根据最新吉林省造价调整文件,城市轨道交通工程人工单价调整为 160 元/工日,其他未计价材料,通过询价获得价格。人工及主要材料价格见表 4-2-4。

表 4-2-4　主要材料表

序号	材料名称	价格
1	50 kg 钢轨(25 m)	9 000 元/根
2	单开道岔 50 kg 12# (混凝土枕用)	135 500 元/组
3	混凝土岔枕 50 kg 12# (单开道岔用)	40 000 元/组
4	碎石	80 元/m³
5	综合工日	160 元/工日

1. 确定施工方案

①挖方:主要采用挖掘机(履带式单斗 1 m³)挖土并装车,机械作业不到的地方用人工挖土,人工挖土量按总挖方量 5% 考虑;场内倒运土方为人工挖土,人工装车,机动翻斗车运土,场地倒运运距 500 m 以内。

②填方:采用推土机配合振动压路机(15 t 以内)碾压密实,每层厚度不超过 30 cm,并分层检验密实度,保证每层密实度≥95%。

③余方弃置:采用自卸汽车。

2. 人材机单价及管理费、利润费率的取定

①本工程人工、材料、机械台班单价按照《吉林省城市轨道交通工程计价定额》(2011)中的定额单价取定。

②管理费和利润按《建筑业营业税改征增值税调整吉林省建设工程计价依据实施办法》(2016)进行取费。本工程中土建工程管理费按直接工程费的 6.69% 取,轨道工程按直接工程费的 4.21% 取。利润按直接工程费的 5% 取。

3. 分部分项工程项目的计量与计价

(1)分部分项工程项目计量

根据工程内容可知,土方工程中挖方 15 710.5 m³,填方 595.5 m³,根据施工方案,人工挖土占 5%,工程量为 15 710.5×5% = 785.525 m³;机械挖土占 95%,工程量为 15 710.5×95% = 14 924.975 m³。填方用土全部为人工挖土,填方为实方,挖土为天然密实方,所以场

内倒运土方工程量 595.5×1.15% =684.825 m³。余方全部外运,其中人工挖土余方工程量为 5 710.5×5% −595.5×1.15% =100.7 m³,机械挖土全部为余方,工程量为 14 924.975 m³。碎石道床工程量 8 500 m³,单开道岔 P50−12 一组,长度 36.815 m。铺轨线路长度 2.94−1.14−0.036 815≈1.763 km。所有项目工程量计算式见表 4-2-5。

表 4-2-5　分部分项工程项目工程量计算表

序号	分部分项工程项目	工程量计算式
1	人工挖土方(三类土)	15 710.5×5% =785.525(m³)
2	机械挖土(三类土)	15 710.5×95% = 14 924.975(m³)
3	填土(压路机碾压密实)	595.5(m³)
4	人工装车、机动翻斗车运土方	595.5×1.15% =684.825(m³)
5	自卸汽车运土(挖掘机装车)	15 710.5×95% =14 924.975(m³)
6	自卸汽车运土(人工装车)	15 710.5×5% −595.5×1.15% =100.7(m³)
7	地面碎石道床机械铺轨	2.94−1.14−0.036 815≈1.763(km)
8	单开道岔	1(组)
9	碎石道床	8 500(m³)
10	挖掘机运输	1 个台班
11	推土机运输	1 个台班
12	压路机运输	1 个台班

(2)计算分部分项工程及单价措施费(应用吉林省求实计价软件轨道工程模块进行计价计算)

首先按表 4-2-6 填写分部分项工程工程量。

表 4-2-6　分部分项工程工程量

序号	项目编码	项目名称	计量单位	工程数量
1	080101001001	挖一般土方	m³	15 710.5
2	080101010001	原土碾压、夯实	m²	595.5
3	080503001001	粒料道床	m³	8 500
4	080502001001	无缝线路铺单开道岔	组	1
5	080501002001	地面段轨道(无缝线路轨道)	km	1.763

序号	项目编码	项目名称	计量单位	工程数量
6	081308001001	大型机械设备进出场及安拆	台次	3

　　根据《吉林省城市轨道交通工程计价定额》(2017),先确定各分部分项工程对应的定额子目编号,再确定其工料单价,人工和未计价材料按省级主管部门发布的最新价格信息或询价或者是甲方规定的暂估价进行调价。本例为应用计价软件计算的结果,见表4-2-7和表4-2-8。

表 4-2-7　分部分项工程和单价措施项目清单与计价表

序号	项目编码	项目名称	计量单位	工程数量	金额/元		
					综合单价	合价	其中
							暂估价
1	080101001001	挖一般土方	m³	15 710.5	19.65	308 711	
2	080101010001	原土碾压、夯实	m²	595.5	55.33	32 949	
3	080503001001	粒料道床	m³	8 500	122.96	1 045 160	
4	080502001001	无缝线路铺单开道岔	组	1	157 628.31	157 628	
5	080501002001	地面段轨道(无缝线路轨道)	km	1.763	1 587 973.61	2 799 597	
6	081308001001	大型机械设备进出场及安拆	台次	3	5 494.99	16 485	
						4 360 530	

表 4-2-8 综合单价分析表

序号	项目编码	项目名称	计量单位	工程数量	综合评价	人工费/元	材料费/元	机械费/元	企业管理费/元	利润/元	合价/元
1	080101001001	挖一般土方	m³	15 710.5	19.65	4.22		13.68	0.95	0.79	308 711
	G1-0012	机械挖土方（三类土）	100 m³	149.25	429.89	81.6		309.94	20.95	17.4	64 161
	G1-0002	人工挖土方（三类土）	100 m³	7.855	4 845.56	4 447.36			217.53	180.67	38 062
	G1-0077	挖掘机装自卸汽车运土方（运距 1 km 以内）	100 m³	149.25	1 151.27	115.52		932.03	56.66	47.06	171 827
	G1-0078	自卸汽车运土方（每增 1 km）	100 m³	149.25	209.51			190.43	10.42	8.66	31 269
	G1-0072	自卸汽车运土方（运距 1 km 以内）	100 m³	1.007	3 122.47	1 935.2		921.66	145.1	120.51	3 144
	G1-0073	自卸汽车运土方（每增 1 km）	100 m³	1.007	185.22			168.36	9.21	7.65	187

序号	编码	项目名称	单位								
2	080101010001	原土碾压 夯实	m²	595.5	55.33	24.39	0.12	26.03	2.62	2.18	32 949
	G1-0049	机械填土碾压	100 m³	5.955	702.21	81.6	11.69	545.66	34.56	28.7	4 182
	G1-0064	人装 机动翻斗车 运土方(运距 200 m 以内)	100 m³	6.848	4 065.68	2 049.6		1 665.69	191.41	158.98	27 842
	G1-0065	人装 机动翻斗车 运土方(3 000 m 内每增 100 m)	100 m³	6.848	135.32			123	6.73	5.59	927
3	080503001001	粒料道床	m³	8 500	122.96	13.79	93.19	6.3	4.17	5.51	1 045 160
	G5-0199	粒料道床:木枕、混凝土枕线路(底渣 砕石)	1 000 m³	8.5	122 961.79	13 788	93 189.25	6 304.68	4 173.68	5 506.18	1 045 175
4	080502001001	无缝线路铺单开道岔	组	1	157 628.31	15 724.48	139 687.37	998.25	525.26	692.95	157 628
	G5-0199	单开道岔(混凝土岔枕 50 kg J2#)	组	1	157 628.31	15 724.48	139 687.37	998.25	525.26	692.95	157 628

续表

序号	项目编码	项目名称	计量单位	工程数量	综合评价	人工费/元	材料费/元	机械费/元	企业管理费/元	利润/元	合价/元
5	80501002001	地面段轨道（无缝线线路轨道）	km	1.763	1 587 973.61	15 240	1 496 665.66	6272.66	30 093.76	39 701.53	2 799 597
	G5-0080	地面碎石道床机械铺轨:混凝土枕 50 kg、钢轨 25 m（1 680 根）	km	1.763	1 587 973.61	15 240	1 496 665.66	6 272.66	30 093.76	39 701.53	2 799 597
6	08130800l001	大型机械设备进出场及安拆	台次	3	5 494.99	996.67	1829. 01	2 143.21	287.4	238.7	16 485
	J3001	特大型机械场外运输费（履带式挖掘机 1 m³ 以内）	台次	1	6 280.66	1 560	1 973.36	2 143. 21	330	274.09	6 281
	J3003	特大型机械场外运输费（履带式推土机 90 kW 以内）	台次	1	5 196. 25	780	1 776.59	2 143.21	271.2	225.25	5 196
	J3010	特大型机械场外运输费（压路机）	台次	1	5 008.05	650	1 737.08	2 143.21	260.99	216.77	5 008

（3）计算组织措施项目费

本例各项措施项目费根据实际情况列项,费率按《建筑业营业税改征增值税调整吉林省建设工程计价依据实施办法》(2016)进行取费,见表4-2-9。

表4-2-9 总价措施项目费用表

序号	项目编码	项目名称	计算基础	费率/%	金额/元	调整费率/%	调整后金额/元	备注
1	081311001001	安全文明施工	$\sum$（计算基数×费率）	4.24	58 566			
2	081311002001	夜间施工						
3	081311003001	二次搬运	人工费×费率	0.39	774			
4	081311004001	雨季施工费	人工费×费率	0.5	992			
5	081311004002	冬季施工费						
6	081311005001	地上、地下设施,建筑物的临时保护设施						
7	081311006001	已完工程及设备保护						
8	081311007001	检验检测						
9	081310004001	行车、行人干扰及交通导行增加	人工费×费率	0.32	635			
10	011707008001	工程定位复测费						
合计					60 967			

（4）计算规费、税金

本例各项措施项目费费率按《建筑业营业税改征增值税调整吉林省建设工程计价依据实施办法》(2016)进行取费,见表4-2-10。

表4-2-10 规费、税金项目计价表

序号	项目名称	计算基础	计算费率/%	金额/元
1	规费	1.1+...+1.4		23 243
1.1	社会保障费	（1）+（2）+（3）		20 901
（1）	养老保险费、失业保险费、医疗保险费、住房公积金	定额人工费×费率	9.55	18 956
（2）	工伤保险费	定额人工费×费率	0.58	1 151
（3）	生育保险金	定额人工费×费率	0.4	794
1.2	工程排污费	定额人工费×费率	0.4	794
1.3	残疾人就业保障金	定额人工费×费率	0.37	734

续表

序号	项目名称	计算基础	计算费率/%	金额/元
1.4	防洪基础设施建设资金	定额人工费×费率	0.41	814
2	税金	税前造价×费率	9	400 027
	合计			423 270

（5）单位工程汇总表

工程汇总表如表4-2-11所示。

表4-2-11 工程汇总表

序号	汇总内容	金额/元	暂估价/元
1	分部分项工程	4 360 530	
2	措施项目	60 967	
2.1	其中:安全文明施工费	58 566	
3	其他项目		
3.1	其中:暂列金额		
3.2	其中:专业工程暂估价		
3.3	其中:计日工		
3.4	其中:总承包服务费		
4	规费	23 243	
5	税金	400 027	
	合计	4 844 767	

所以本单位工程总造价为484.476 7万元。

参考文献

［1］何淑娟. 城市轨道工程施工组织与概预算［M］.北京:人民交通出版社股份有限公司,2021.

［2］张冰,于景臣.城市轨道交通工程施工组织设计与概预算［M］.2 版.北京:中国铁道出版社,2010.

［3］中华人民共和国住房和城乡建设部.城市轨道交通工程工程量计算规范:GB 50861—2013［S］.北京:中国计划出版社,2013.

［4］中华人民共和国住房和城乡建设部.建设工程工程量清单计价规范:GB 50500—2013［S］.北京:中国计划出版社,2013.

［5］高峰,张求书.公路工程施工组织［M］.北京:北京理工大学出版社,2015.

［6］徐行军.市政工程施工组织与管理［M］.厦门:厦门大学出版社,2013.